교양의 쓸모

장석주

교
양
의

쓸
모

PUNG
WOL
DANG

차례

서문 ◦ 8

1 교양의 쓸모

들길 ◦ 13

정원 예찬 ◦ 19

밥과 꿈 ◦ 23

어른의 품격 ◦ 30

나이 유감 ◦ 37

자화상 ◦ 41

나는 여전히 뭔가를 찾고 있어요 ◦ 48

카르페 디엠 ◦ 54

노스탤지어 은하계 ◦ 62

독서는 교양의 기초 토대다 ◦ 71

그건 교양이 아니에요 ◦ 76

교양의 쓸모 ◦ 81

교양의 소멸 ◦ 87

2	인생의 의미	웃는 사자가 온다 ◦ 97
		지는 해를 바라보며 ◦ 101
		벚꽃 필 때 죽음을 생각하라 ◦ 106
		전직, 이직, 휴직 ◦ 110
		세상에 나가면 일곱 번을 태어나라 ◦ 114
		쇼펜하우어 열풍 ◦ 118
		해남엔 못 간다 ◦ 123
		시, 바슐라르, 촛불 ◦ 130
		음악의 필요 ◦ 136
		한국문학을 크게 칭찬함 ◦ 142
		장소와 장소성 ◦ 147

3 계절의 감각

여름의 의무는 행복 ◦ 155

지중해에서 보낸 여름 한 철 ◦ 162

장마와 「청포도」 ◦ 167

템플스테이를 하며 보낸 여름 ◦ 173

대학 기숙사에 머물며 글쓰기 ◦ 177

가을의 기척 ◦ 181

죽고 싶을 만큼 살아봐야겠다 ◦ 188

가을과 고양이 ◦ 193

겨울의 들머리에서 ◦ 198

눈이 많이 내리는 고장에서 ◦ 203

봄날은 무슨 꽃으로 내 가슴을 문지르는가? ◦ 208

봄은 꽃만으로는 충분치 않다 ◦ 212

4 생활의   살아라, 기뻐하라, 감사하라 。 219
　　사상   밤의 고독 。 223

쇠를 달구고 망치질하며 노래하라 。 228

강연 소동 。 232

K리그를 보러 가자! 。 236

팬데믹과 낙인찍기 。 241

정치가 국민행복지수를 높일 수 있을까 。 249

우정: 두 몸에 깃든 한 영혼 。 254

가족: 가끔은 내다 버리고 싶은 것 。 258

폭력: 우리 곁을 떠도는 유령 。 265

희망: 새로운 것을 내놓는 산파 。 271

피로: 얼굴 없는 유령 。 275

신념: 우리 정체성의 일부 。 279

벌새: 이 세상에서 가장 작은 스승 。 283

서문

　여름이 끝날 무렵에야 이 책의 원고를 손에서 놓을 수 있었다. 유난했던 폭염 속에서 원고 뭉치를 들고 에어컨이 가동되는 도서관과 동네 카페를 찾아다니며 들여다보았다. 세 차례에 걸친 원고 교정은 생각보다 고되었다. 인내심이 필요했다. 문장의 질서를 바로 세우고, 눌리고 비틀린 생각을 펼치는 동안 여름은 막바지에 이르렀다. 아직 매미 떼의 맹렬한 울음소리로 시끄러운데, 폭염이 물러난 자리엔 가을 기운이 스민다. 밤이 되면 창문을 닫아걸고, 계절이 순환한다는 것에 안도하며 새 이불이 깔린 침대에 기분 좋게 몸을 누인다.

　교양은 안에서 터지는 속꽃이거나 몸을 가리는 흰옷이다. "다들 죽어가는 사람들에게 / 검은 옷을 입히시오. // 다들 살아가는 사람들에게 흰옷을 입히시오."(윤동주, 「새벽이 올 때까지」)라고 할 때의 '희다', 즉 때 묻지 않음이며, 본성이나 피의 기질과는 다른 올바름이고 품성의 고결함이다. 경험과 깨달음 속에서 직조된 교양, 고양된 삶에서 빚어지는 교양! 교양은 원시 인류가 고등 생명체로 진화하는 과정에서 체득한 생존 전략의 일부였을 테다. 그 바탕은 위기지학爲己之學이다. '위기지학'은 『논어』 「헌문」편의 "옛날에는 자기 자신을 위해 배웠지만, 오늘날은 남을 위해 한다古之學者爲己, 今之學者爲人."라는 문장에서 나온 말이다. 교양은 공자의 인仁이고 노자가 말하는 도道와 닮았다. 그것은 배우고 익혀서 몸에 밴 앎이자 덕의 실행이자 좋은 사람에게서 발현하는 수양과 절로 드러나는 기품이다. 교양은 항상 길 그 자체가 아닌가? 우리는 없는 길을 굳이 만드는 것인데, 그건 남이 아니라 스스로를 위함이다. 길과 몸은 하나다.

나이 들어서 깨친 건 남에게 건넬 열매가 늘 부족하다는 거였다. 진흙에서 허우적거리느니 길을 찾지 못한 증거다. 시를 쓴다고 다 훌륭한 됨됨이를 갖는 게 아니라는 자각 속에서 교양의 착상에 대한 깊이가 생기기를 기다렸다. 내가 보는 교양은 창의성이자 초월성, 자유로움, 그리고 마땅히 해야 함이다. 그것은 고양된 인격에서 뿜어져 나오는 빛과 먼 것의 아름다움을 품는다. 부재와 결핍으로서의 교양을 앓는 동안 먼 것을 향한 그리움이 속절없이 깊어졌다. 교양에 대한 숙고는 오래였지만 무딘 솜씨에도 쓰는 시간은 놀랄 만큼 짧았다. 누구나 제 삶의 이력이나 자기 분수보다 더 빛나는 것은 옳지 않다.

교양은 용기를 전제로 하는 불가능성 안에 존재한다. 교양은 종착점이 아니라 경유하는 지점들이다. 감히 천학비재의 얕은 앎과 굼뜬 솜씨로 『교양의 쓸모』란 책을 쓰는 일은 지난했다. 교양은 관념이 아니라 생생한 삶의 결로 드러나야 한다고 믿었다. 그런 까닭에 교양에 대해 쓰면서 내 삶과 몸으로 겪은 것을 바탕으로 쓰여야 옳다고 생각했다. 이 책에 실린 것들은 추상이나 관념이 아니라 나의 생생한 몸을 거쳐 풀려나온 이야기다. 관념으로서의 교양을 기대한 독자라면 조금 당황할지도 모른다. 하지만 삶에 뿌리를 내리고 있는 이야기라는 점에서 실감으로서의 교양이 마음에 더 깊이 스며들 수 있을 거란 기대도 갖는다. 내 영감의 원천인 발터 베냐민 옹에게 감사드린다. 마지막으로 인문교양의 출판이 힘든 시대에 어리석은 자의 원고를 어여쁜 책으로 만들어 주신 풍월당에 거듭 감사드린다. 아울러 어디에선가 이 책을 손에 들고 읽을 미지의 독자분께도 감사드린다.

2025년 가을의 초입, 파주에서
장석주

교양의 쓸모

1

> 의기소침해진 청년이 숨을 만한 은신처는 책밖엔 없었다.
> 나는 책에 몰입해 있는 동안만 명석한 자의식을 유지할 수 있었다.
> 딱 집어서 인식하지 못했지만, 내가 갈망한 것은 바로 교양이었다.

들길

우리는 마음이 고요하지 못하고 요동을 치는 시대에 살고 있다. 내 마음은 어느 바다에서 표류 중인가? 도시의 소음과 끔찍한 소비 활동에 짜증이 날 때 들길을 상상한다. 마을 한복판에 우물이 있고, 집집마다 화단에 채송화와 맨드라미가 자란다. 그리고 낮닭이 홰를 치고 긴 울음소리를 뽑아내는 곳, 그곳이 늘 마음에 그리는 고향이다. 갯가에는 버드나무들이 서 있고, 버드나무 아래 냇가 수풀에는 어린 붕어들이 숨어 있다. 하늘과 땅을 가른 채 저 멀리까지 뻗은 들길과 제비들이 활공을 하는 고향의 들길을 한가롭게 거닐다가 야생 노루를 마주쳐서 깜짝 놀라도 좋을 테다.

들길의 환대와 격려를 받으며 소년 시절을 보낸 것은 내 인생의 큰 행운이다. 들길에서 노루처럼 뛰놀던 추억은 금생의 기쁨 중 하나지만 그 기쁨이 인생 후반까지 이어지지는 못했다. 낯선 도시에 내팽개쳐진 가운데 가난과 고투한 건 내가 감당한 불행임이 분명하다. 도시에서 변덕스럽고 복잡한 인간관계와 이기적인 거래 따위로 나는 영악해졌다. 휴대폰과 이메일, 연신 울려대는 카톡 따위로 생의 감각과 리듬은 흐트러졌다. 나는 순정한 사람으로 살고 싶고, 다시 민들레, 질경이, 쑥부쟁이, 찔레꽃 피는 들길을 걷고 싶었다. 과연 나는 광활한 하늘을 머리에 이고 떡갈나무가 있는 시골의 소년으로 돌아갈 수 있을까? 일몰과 달의 운행을, 바람 불고 눈 내리는 날씨들을 온몸으로 겪은 저 순진무구한 소년의 행복을 되찾을 수 있을까? 민들레와 패랭이가 널린 들길은 고독의 역량을 충분히 기를 만한 장소다. 들길을 걸을 때 사람은 계절의 변화를 더 예민하게 느끼고, 세계와 자신에 대한 숙고에 빠지는 것이다. 디지털 세상에서 여러 자아로 쪼개진 뒤 자율성을 잃고 방만한 삶을 살았다. 내 의지와 상관없이 쪼개진 자아를 하나의 전체로 응집하는 일은 불가능했다.

> 머리가 마늘쪽같이 생긴 고향의 소녀와
> 한여름을 알몸으로 사는 고향의 소년과
> 같이 낯이 설어도 사랑스러운 들길이
> 있다
>
> 그 길에 아지랑이가 피듯 태양이 타듯
> 제비가 날듯 길을 따라 물이 흐르듯 그렇게
> 그렇게

천연天然히

울타리 밖에도 화초를 심는 마을이 있다
오래오래 잔광殘光이 부신 마을이 있다
밤이면 더 많이 별이 뜨는 마을이 있다.

―박용래, 「울타리 밖」 전문

내면의 가능성을 탕진하고 궁핍감에 시달리다가도 들길을 걸으면 생기를 되찾을 수 있을까? 내면이 풍부한 들길의 사람으로 다시 태어난다면 영원의 향기를 맡게 될 수 있을까? 나를 둥그렇게 감싸는 들길은 노동과 생산, 효율성을 채근하는 시간이 아니라 휴식과 머무름, 고요와 사색의 시간을 베푼다. 더 빨리 가기 위해 서두는 것은 고요하고 평화롭게 흐르는 들길의 시간을 모독하는 일이다. 들길을 걷다 보면 봉인된 존재의 비밀을 열어젖히는 각성과 마주치는 그때 내 안의 고독, 느림, 노스탤지어 같은 것이 단박에 드러난다. 들길의 시간은 고즈넉하다. 그것은 숭고와 존엄이 깃든 신의 시간인 까닭이다.

빈센트 반 고흐의 「구두」라는 그림 속 오브제는 평범하고 낡은 구두 한 켤레다. 철학자의 시선이 가닿을 때 낡은 구두는 실존의 고단함을 보여주는 특별한 도구 사물로 변한다. 하이데거는 낡은 구두에 이토록 감동적인 산문을 남겼다.

신발 도구의 해어진 안쪽의 어두운 구멍에서는 노동하는 발걸음의 고단함이 물끄러미 바라보고 있습니다. 질기고 튼튼하고 묵직한 신발에는 거친 바람이 부는 밭에 나란히 멀리 뻗은 고랑들 사이를 느릿느릿 걸어가는 끈기가 쌓여 있습니다. 신발 가죽은 기름진 땅의 물기로 눅눅합니다. 신발 바닥으로는 저물녘 들길의 쓸쓸함이 밀려옵니다. 신발 도구 속에서는 대지의 침묵하는[말해지지 않은] 부름이 울립니다. 즉 대지는 익어가는 곡식을 잠잠히 선물해 주거나 황량한 겨울 들판의 휴경지에서 신비롭게 버티고 있습니다. 빵을 구할 수 있을지에 대한 불평 않는 걱정, 궁핍한 시기를 다시 넘긴 것에 관한 말없는 기쁨, 임박한 출산 앞에서의 떨림, 주위에서 위협하는 죽음 앞에서의 두려움, 이 모든 것이 신발 도구를 통해 흐르고 있습니다. 이 도구는 대지에 소속되고 농사짓는 여인의 세계 속에서 보호받고 있습니다. 이렇게 보호받으며 소속된 가운데 생생하게 서 있는 도구 자체는 자신 속에서 쉬게 됩니다.º

여기 한 켤레의 낡은 구두가 있다. 누가 언제 신었는지도, 무엇에 귀속되는지도 전혀 알려지지 않은 채 무규정의 공간에 놓인 낡은 구두다. 농부와 그의 아내는 이 구두를 종일 밭일을 할 때도, 하루가 저물고 들길로 돌아올 때도 신었을 테다. 농업 노동의 정다운 벗이었을 구두는 낡아서 밑창

º 마르틴 하이데거, 한승수 옮김, 『예술작품의 샘』(이학사, 2022), 44쪽.

이 떨어지기 직전이다. 하이데거는 이 너덜너덜한 구두에서 농부가 떠안은 고단한 삶의 실체를 낱낱이 투시해 낸다. 구두의 안쪽 구멍에서는 종일 밭일을 하느라 허리를 굽힌 채 움직이던 농부의 발걸음을, 구두 가죽에서는 기름진 땅의 습기와 풍요로움을, 구두 바닥으로는 저문 들길의 고독을, 대지의 소리 없는 부름과 다 익은 곡식의 부름을, 겨울의 황량한 대지에 일렁이는 불안과 거절을, 임박한 출산의 초조함과 죽음 앞에서의 두려움 따위를 엿본다.

나는 사는 동안 냉담과 냉소로 타인에게 상처를 입혔다. 그건 들길에게서 받은 은혜를 잊은 채 산 자의 부덕함 탓이다. 나는 들길의 배신자다. 대리석이 깔린 거실에서 위스키를 마시는 사람은 제가 등지고 떠나온 들길을 잊었다. 그 배신의 결과는 통렬했다. 나는 형벌인 듯 멀리서 들길의 시간을 그리워하며 헤매는 사람이 되었다. 들길을 잃자 자연과 조응하는 법도 잊었다. 들길은 내 목마름의 근원이자 내 인생의 불행을 키운 원인이다. 세상은 들길을 가슴에 품은 사람과 그렇지 못한 사람으로 나뉘는데, 오, 들길을 세계의 중심으로 삼은 자는 행복할 테다.

들길에는 평온이 민들레 씨앗처럼 가볍게 내려앉는다. 내 살과 뼈를 키우고 자애로운 마음을 갖게 도운 것은 들길과 수숫대 흔들며 지나는 바람이었다. 들길의 돌들과 잡초들, 똬리를 튼 뱀들도 대가 없이 나를 양육했지만 이들 양육자들에게 감사한 적이 없었다. 내 운명의 원소 중 하나인 시골, 그 무위의 풍경 속에 가만히 서 있을 때 들길이 주는 것은 머무름과 관조의 시간이다. 자연이 무상으로 베푸는 이 혜택은 수줍어하는 이들에게 더 많이 돌아간다. "수줍음의 윤리는 무위의 윤리다."◦ 들길에서는 무엇을 하지 않고 가만히 있어도 좋다. 우리 안에 고요의 나이테가 생기는 순간에 주의를 기울이며 그저 하염없이 머물러 있어도 좋을 테다.

◦ 한병철, 전대호 옮김, 『관조하는 삶』(김영사, 2024), 79쪽.

정원 예찬

내 오랜 꿈 하나는 비밀의 정원을 갖는 것이었지만 사는 동안 그럴 여유는 없었다. 늘 살아남기 위해 애면글면하며 에너지를 다 썼던 탓이다. 젊은 시절엔 주거조차 불안정했으니 그 꿈은 난망했다. 오래된 신화에서는 인간의 불행이 정원(낙원)에서 추방된 탓이라고 한다. 정원 인류는 그 낙원에서 추방당한 뒤 불행에 빠졌다. 그 추방의 결과로 고통들이 형벌의 형식으로 주어졌다는 것이다. 우리 무의식에서 정원은 돌아가야 할 고향이다. 종종 그 갈망이 솟구쳤으나 우리는 이미 빛과 생기를 잃은 지 오래다.

내가 마음에 그리는 정원은 이국의 희귀식물이나 비싼 정원수들, 여기저기서 수집한 바위들로 사치스럽게 꾸민 장소가 아니다. 그저 작약과 모란 같은 꽃들이 피고 꿀벌들이 날개를 닝닝대는 곳, 날 밝으면 햇빛이 비쳐 드는 곳, 보리수, 앵두나무, 버드나무, 산딸나무, 남천나무, 회양목, 회화나무, 살구나무가 우거지고, 튤립, 원추리, 비비추, 제비꽃,

수선화, 맥문동 따위가 무리 지어 자라는 땅이다. 수목이 조화롭게 어우러진 정원 한구석에 개구리밥이 수면에 뜨고 노랑붓꽃과 수련이 자라는 연못이 숨어 있고, 거위들이 뒤뚱거리며 돌아다닌다면 더 좋았을 테다. 담쟁이덩굴이 벽을 타고 오르며, 참새, 동박새, 붉은머리오목눈이, 곤줄박이, 물까마귀들이 찾아와 쉬는 정원이 있었다면 사는 게 그토록 버겁지는 않았을 테다.

보통 사람들이 꿈꾸는 정원은 비밀의 화원, 식물들의 보금자리, 잃어버린 낙원이다. 정원의 기본은 땅과 그 위에 자라는 초목들이다. 올리비아 랭은 식물이 시간과 공간의 여행자라고 말한다. 정원은 더 많은 세상과 아름다움, 더 좋은 기회들을 준다. 정원이 자아를 해방하며 더 많은 자유를 준다는 점에서 그것의 부재는 기쁨의 결락과 함께 불행의 원인이었을 테다. 난잡한 세상에서 도피할 수 있는 땅, 은둔과 휴식과 치유의 땅이 정원이다. 정원은 지옥 저편에서 빛나는 낙원이다. 그것은 꽃이 뿜어내는 색채와 방향으로 생채 감각이 되살아나고 사유가 풍부해지는 기적의 장소에 가깝다.

올리비아 랭의 『정원의 기쁨과 슬픔』을 읽으며 정원을 갖지 못한 불행을 조금은 누그러뜨린다. 정원이란 "인공과 자연, 의식적 결정과 야생의 우연 사이에 존재" 한다. 일찍이 정원이 있었다면 충치를 아말감으로 덧씌우고, 메마른 노동의 피로를 견디며 사는 자의 사소한 불행 두어 개쯤은 녹여냈을 테다. 세상이 지운 책임과 의무에서 자유로워지려면 스스로를 놓을 수 있어야 하지만 우리는 자발적으로 자기를 잃어버린 적이 없었다. 우리 불행이 정원의 부재와 더불어 스스로를 놓아본 적이 없는 탓이라는 깨우침은 놀랄 만하다. 세상과 차단된 채로 자신을 잃는 고요한 찰나 속에서 정화되어야 하지만 우리는 그러지를 못했다. 세상의 압력과 소요로 인해 내면은 늘 시끄럽고, 우리는 세상의 근심과 걱정을 끌어안은 채 전전긍긍했다.

    삶이 삭막하고 불행해질 때 가장 먼저 땅과 식물을 떠올린다. 땅은 중력이 작용하는 물질의 세계이고 촉각의 세계에 속한다. 정원에서의 일들은 흔히 흙을 만지는 행위로 이루어진다. 흙과 식물을 만지는 노동은 우리 영혼을 흙과 더 가까이 접근해서 결속시키는 과정이다. 그 과정에서 삶의 메마름 속에서 말라버린 영혼이 깨어난다. 왜 팬데믹 기간에 전 세계적으로 정원 가꾸기 붐이 일어났을까? 집에 갇힌 채로 무료하게 시간을 보내던 그때 너 나 할 것 없이 정원 가꾸기에 뛰어든 이유는 분명하다. "정원 가꾸기는 발을 땅에 붙이게 하고, 마음을 달래고, 유용하고 아름다움을 더한다. 그것은 느슨한 나날을 바쁘게 만들었고 사무실의 일

○   올리비아 랭, 허진 옮김, 『정원의 기쁨과 슬픔』(어크로스, 2025), 29쪽.

상에서 갑자기 해방된 사람들에게 동기를 부여했다. 정원을 가꾸는 것은 우리 모두가 갇혀버린 현재의 순간에 순응하는 방법이었다." 팬데믹 시기에 정원 용품들이 불티나게 팔렸다. 식물의 씨앗과 모종의 판매량도 늘었다. 그것이 답답한 현실에서 숨통을 틔우는 일이었기 때문이다.

정원은 실낙원에서 비롯한 절망을 넘어서려는 인류의 염원을 담아낸다. 정원은 살과 피가 없는 식물들이 몸을 부비며 부르는 노랫소리가 울리는 곳, 색채의 향연이 감각의 화사함을 만드는 곳, 육식동물에겐 마음의 안식을 위한 피난처다. 정원이 있었다면 봄마다 씨앗과 구근들이 땅거죽을 밀어내고 내미는 새싹들, 만개한 꽃들, 정원이 불러 모은 벌과 나비와 새들이 기쁨을 주었을 테다. 그리고 기다림과 희망에 대해서 더 많이 배우고, 정원에 가득한 빛과 향기와 색채들로 지친 영혼은 큰 위로를 받았을 테다.

밥과 꿈

비의 기세가 천천히 누그러진다. 습기로 눅눅한 실내에서 뭔가를 끼적이는 데 정신이 팔려 끼니를 건너뛰었다. 배는 출출한데 딱히 입맛은 없다. 1분 간격으로 어린애 스물셋이 기아와 영양실조로 죽어가는 세상에서 입맛 타령이라니, 나는 얼마나 태평한가!

구운 가지 요리, 동파육, 장어덮밥, 두부탕수를 떠올렸다가 내 고갈된 윤리에 혼자 낯을 붉히는 것이다. 한소끔 끓여 찬물에 헹군 국수에 매콤한 낙지볶음을 얹어서 먹고 싶다. 하지만 재료도 마땅치 않고 번잡한 일이라 금세 포기한다. 열무김치 비빔밥을 떠올린 것은 신박한 일이다.

양푼에 찬밥을 넣고 열무김치와 애호박 젓국을 얹어 고추장에 버무린다. 달걀프라이를 얹고 참기름 몇 방울 뿌린 비빔밥 한 술을 입안에 넣는다. 얼음 띄운 미역오이냉국을 곁들이면 좋으련만 없어도 그만이다. 열무김치 비빔밥을 맛있게 먹으며, 이것이 여름의 참맛이다,라고 감탄한다. 열무김치 비빔밥 그릇을 비우고 입가심으로 황도 반 개를 먹고 나니 포만감이 밀려온다.

나이가 들며 어린애의 입맛에서 어른의 입맛으로 바뀌는 것은 자연스러운 일이다. 외할머니는 시골에서 초등학교 교사를 위해 하숙을 쳤다. 날마다 민화투를 치러 놀러 오는 새로 부임한 교장 사모님의 권유에서 시작한 일이다. 교사들의 아침상에는 달걀찜이 올랐는데, 남은 달걀찜은 내 몫이었다. 녹는 듯 부드러운 식감은 어린 혀에도 황홀했다. 자란 곳이 내륙 한가운데라 해산물을 먹을 기회는 거의 없었다. 먹은 것이라곤 간고등어 살 몇 점뿐, 청년이 되어서야 생선 날것을 먹는 즐거움을 깨쳤다. 고추냉이를 듬뿍 찍은 회를 입안에 넣었다가 매운 맛에 혼쭐이 났다. 목포나 통영, 제주도 등지로 여행을 갈 때마다 횟집을 찾아가 두툼하게 썬 회 몇 점을 초장에 찍어 입에 넣는다. 도다리나 민어, 우럭이나 광어회도 좋고, 다금바리 맛은 더 기막히지만 값이 비싸 자주 맛볼 수 없는 게 흠이다.

서른 해 전 출판사 사무실 근처에 청어구이집이 있었다. 청어 한 마리를 통으로 구워 밥과 밑반찬을 내는 일식집이었다. 청어는 잔가시가 많아 흠이다. 하지만 알이 꽉 찬 청어를 먹는 즐거움은 대단했다. 청어의 식감과 풍미가 꽤 만족스러웠다. 밑반찬으로 나오는 무조림도 달콤했다. 식사 끝에 먹으면 신맛이 강한 우메보시도 좋았다. 우메보시는 일본인의 소울푸드라고 한다. 소금에 절인 황매실 장아찌인데, 입안에서 알사탕처럼 굴려 먹으며 생선 비린내를 헹궈낸다. 사무실을 옮기며 그 일식집과도 멀어졌다. 점심때마다 로또 복권에 당첨된 기분으로 청어구이를 먹던 시절이 내 인생의 화양연화였음을 곱씹으며 가슴 한쪽에 그리움이 맴돌다 사라진다.

어른이 되어 먹은 음식 중 맑은 복국이 좋았다. 복국은 미나리 한 움큼을 얹어 팔팔 끓인다. 맑은 국물에 식초 두어 방울을 넣은 복국은 먼저 미나리를 건져 양념간장에 찍어 먹는데, 입안에 퍼지는 미나리향이 늘 입맛을 돋운다. 복어 살점은 식초를 섞은 간장에 찍어 먹는다. 복어 살점은 부드럽게 부서지고, 국물은 시원하고 담백하다. 그 맛은 바다의 맛이다. 복국집에 가면 복 껍질 무침도 주문하는데, 미나리와 양념을 해서 무친 복 껍질은 까슬까슬한 식감이다.

사람은 외부 물질을 제 안에 들여 분해하고 자양분을 흡수하고 남은 것은 배설한다. 우리 신체는 외부 물질의 투입, 분해, 흡수, 배설로 이루어진 시스템이다. 애초 인간은 잡식성이었다가 미식 취향을 즐기는 종으로 진화한다. 나는 다양한 것들을 씹고 소화하며 살았지만 뱀, 소의 생간, 자라나 사슴의 피, 개구리 튀김 따위는 비위가 약해 먹지 못했다. 내 감각 기관에 비벼진 음식에 대한 기억은 세월이 지나도 또렷하다. 애저편육, 미끌미끌한 굴, 까끌까끌한 감촉이

유난했던 밑밥들이 그렇다. 새봄의 보리 싹을 잘라 넣고 끓인 홍어앳국이나 암모니아 냄새가 진동하는 삭힌 홍어를 썩 좋아하진 않지만 별식을 맛볼 기회를 걷어차고 나오는 법은 없다.

    제철 음식이 좋다는 어른의 말을 잘 따르고, 음식을 가리지 않고 먹는 것은 내 미덕이다. 제 고장에서 수확한 재료로 만든 음식을 좋아하는데, 만든 이의 정성을 헤아리며 감사하는 마음으로 먹는다. 나는 음식이 건강과 삶의 질을 결정한다고 믿는다. 나란 존재는 내가 먹은 것의 총체일 테다. 사람은 제가 먹는 음식에 따라 제 취향과 됨됨이를 적나라하게 드러낸다. 당신은 누구와 무엇을 먹고 싶은가? 그걸 얘기해 보라. 나는 당신 식성으로 당신의 인격과 취향에 대해 몇 마디를 건넬 수도 있을 테다. 나는 오늘 점심으로 집에서 열무비빔밥을 만들어 먹었다. 당신은 누구와 무엇을 먹었는가?

    ○ ○ ○

젊은 날 일하지 않고 먹고사는 게 꿈이었다. 노동의 면제를 받으며 자유로운 나날을 사는 것, 종일 빈둥거리며 책을 읽는 것, 그게 내 버킷리스트였다. 그건 유쾌한 몽상이지만 내 처지에서 불가능한 꿈이었다. 망상에 빠진 철없고 한심한 청년이 시립도서관에서 책을 뒤적이다가 이른 결혼을 해서 아이를 낳았다. 니체의 철학에 심취해 "승리한 자, 자기를 극복한 자, 감각의 지배자, 여러 덕의 주인"으로 살고자 결의를 다졌다. 감각의 지배자는커녕 자기 한계에 갇혀 허덕이는 한심한 처지에 아무 대책 없이 결혼을 하고 아이를 낳았는데, 그건 돌이킬 수 없는 만행이었다. 그토록 무모하고 어리석은 결정으로 겪을 곤란 따위는 상상조차 못 했으니, 소름 끼칠 만한 일이다. 여전히 무른 인격을 갖고 남들 흉내나 내며 살았으니, 나는 철이 나기는 그른 모양이다.

 달라이 라마나 워런 버핏과 내가 같은 처지가 아니라는 것쯤은 안다. 소규모 살림을 책임지는 가장에게 노동은 선택의 여지가 없는 일이다. 비가 오나 눈이 오나 만원 버스를 타고 직장에 출근할 때마다 내가 등짐을 지고 사막을 건너는 낙타 같다고 생각했다. 내 처지를 돌아보면 자주 쓸쓸해졌다. 어딘가에 소속되어 일하는 데 한 줌의 보람과 긍지가 없지는 않지만 출퇴근은 고단한 일이다. 노동이 무의미한 반복이고 의미의 생산과 무관한 노역일 때 출퇴근은 번거롭고 괴로운 일이다. 사람은 생의 보람을 만드는 일을 할 권리가 있다. 일은 사회적 고립을 떨치고 사회 공동체와 이어지는 방식이고, 생을 의미로 빚는 유력한 수단이다. 일은 기쁨과 보람을 주는 존재 증명이자 자아실현의 방법이다. 그럴 때 비로소 산다는 것은 나만의 은신처에서 박차고 나와 세계로 나아가는 항해가 될 테다. 날마다 도시 외곽에서 출근 전쟁을 치르며 도심의 직장으로 나가는 이들은 고단한 항해자들이다.

직장인은 제 시간과 임금을 맞바꾼다. 일의 고통을 소처럼 묵묵히 견뎌야만 월급을 받는다. 월급은 내가 한 집안의 가장이고, 희망의 빛이라는 자긍심을 유지하는 수단이었다. 자유에의 욕구를 억누르고 직장에 매인 채 세월을 보냈다. 개구리 떼가 개굴개굴 울어대는 늪에 몸을 담그고 있는 듯했다. 내 상상력은 잿더미로 변하고 창조력은 말라붙었다. 직장에 매이기 전까지 나는 자유로운 영혼이었다. 밥벌이를 하던 때 처음으로 느낀 삶의 무게는 낯설고 묵직했다. 호구지책을 위해 몸을 갈아 넣는 일의 무게에 짓눌린 채로 엄혹한 현실에 온몸을 던져 쿵, 하고 부딪치며 하루하루를 넘겼다. 그즈음 「밥」이란 시를 썼다. 당시 스물다섯 살이었으니, 새파랗게 젊었던 시절이다. 어떤 명석한 깨달음과 참신한 상상력이 벼락같이 나를 스쳐 갔다고 할 수는 없다. 나날의 수고에 따르는 날것의 고통과 갈등에서 빚어진 결과물이다.

밥은 얼마나 험한 경로를 지나서 내 입까지 오던가? 나는 그 경로의 도덕적 정당성을 얼마나 깐깐하게 따졌던가? 밥 한 그릇 때문에 양심을 파기한 적이 있던가? 밥과 함께 목구멍으로 넘어가는 죄의식은 내 폐부를 날카롭게 찌른다. 그 찰나 한 점의 통렬함조차 없었다고 할 수는 없다. 삶은 나날이 누추해지고 너덜너덜해졌다.

「밥」은 삶의 무게에 부대끼고 등이 휘는 경험에서 솟구치던 내 까칠함과 분노, 죄의식과 갈등을 고스란히 보여준다. 아마도 내 깜냥 안에서 순진하고(혹은 지독히 어리숙하고) 치열하게 산 흔적일 테다. 밥과 꿈 사이에서 괴로워하던 때 나는 세상 물정을 잘 모르는 순정한 사람이었다. 밥은 생물학적 필요를 집약한다. 노동은 마음의 결의와 근육의 협업이고, 생의 보람이자 숭고한 권리일 테다. 인간은 밥을 위해 노동을 한다. 나는 노동과 수고로 생계를 해결하지 않는 영혼은 기어코 부패한다고 믿는다(이것은 오래전 읽은 알베르 카뮈의 말이다). 노동하지 않는 자는 먹지도 말아야 한다는 말에 동의한다. 하지만 노동이 의미를 짓는 수단이 아니라 메마른 의무로 귀차할 때 나날은 볼품없고 삶은 공허해질 테다.

어른의 품격

늦더위도 물러간 이른 가을 오후, 동네 카페에서 창밖 단풍 드는 활엽수를 보는데, 홀연 사람으로 태어난다는 건 놀랍고도 하찮은 기적이라는 생각이 스쳐 간다. 숱한 생명체들이 번성하는 이 작은 녹색 행성에서 한생을 보낸다는 게 기적이 아니라면 무엇일까! 우리가 죽기 전 지구에서 5,500만 킬로미터 이상 먼 화성에서 지구의 일몰을 바라보는 기적은 없을 테다. 그런 난망한 기대보다는 모나지 않은 인격을 갖춘 어른이 되려는 소망을 품는 게 더 현실성이 높을 테다.

서른 무렵, 어른이 되었구나, 하는 자부심을 가졌다. 아이를 키우고 사업체를 꾸렸으니, 나도 어른이라고 여겼는데, 사실을 말하자면 아직 어른이 아니었다. 어른이란 생각, 느낌, 의지가 조화로운 인격체여야 하는데, 어딘지 모자란 구석이 있었다. 함부로 내뱉은 말로 남에게 상처를 주고, 고집을 부리며 매사 남 탓 하는 사람은 어른이 아니다. 이들을 '어른-아이'라고 명명해도 좋을 테다. 나는 우리 사회에 참 어른이 드물다는 말에 동의하며 가끔 사람은 어떻게 어른이 되는가라는 생각을 곰곰이 한다.

사람은 어린애는 어린애로, 어른은 어른으로 태어나는 줄만 알았다. 늦된 탓에 어린애가 자라서 어른이 된다는 걸 나중에야 깨달았다. 몸집이 커졌다고 다 어른이 되는 건 아니다. 두루 배우고 익힌 뒤 그걸 실행하고, 남의 허물을 용서하는 사람, 제 삶의 짐을 지고 제 노동으로 생계를 해결하는 사람, 말과 실천이 다르지 않고, 제 잇속보다 남을 환대하고 배려하는 사람, 말에 품격이 있고 생각에 삿됨이 없으며, 균형 잡힌 판단을 할 줄 아는 사람, 철이 들어 속이 꽉 차 있는 사람이 참 어른이다.

2,500년 전 동아시아의 철학자 공자는 숱한 어록을 남겼다. 공자는 스스로를 "태어나면서부터 곧 만사를 안 것이 아니고, 옛것을 좋아하여 성실하게 노력하여 그것을 구한 자"(「술이」편)라고 말한다. 『논어』는 끝없는 공부와 수양으로 깨달은 지혜, 즉 어른으로 사는 도리를 깨친 자의 어록집이다. 공자를 흠모하고 따르는 제자들이 많았다. "아침에 도를 들으면 저녁에 죽어도 괜찮다."라는 말은 공자 어록에서도 으뜸이다. '도'란 사람이 마땅히 따르고 가야 할 길이다. '도'는 수양을 통해서 얻을 수 있는 총명과 덕목이고, 어른의 품격을 빚는 필요조건일 테다. "빨리 하려고만 하지 말고, 작은 이익을 보려고 하지 마라. 빨리 하려고 하면 달

성하지 못하고, 작은 이익을 보다 보면 큰일을 이루지 못한다."(「자로」편)라는 말은 어른이 지키고 따라야 할 의젓함이 아닐까?

어른은 자식을 위해 희생하는 사람이다. 밤낮으로 집 안팎을 돌보고 겨울 새벽 아궁이에 불을 지피며 가족을 보살펴야 어른이다. 품격 있는 말본새를 갖추고, 제 생각과 일치하는 어휘를 골라 말하는 사람이 어른이다. 말에 품격이 없다면 어른의 자격도 없다. 쓰레기를 함부로 버리지 않는 사람, 쩨쩨하지 않고 사리 분별이 또렷한 사람, 제 앞가림을 해내는 사람, 성숙한 자아를 갖춘 사람, 가까이 가면 사람다운 향기가 나는 사람, 친해질수록 존경심이 우러나오는 사람, 확증 편향에 사로잡히지 않고 유연한 사고를 하는 사람…… 그런 사람이 참 어른이다.

세태가 더 각박해지는 것은 제 안에서 염치없음의 원인을 찾고, 제 실수와 시행착오를 돌아보며 괴로워할 줄 아는 이들이 드물어진 탓이다. 나이가 들수록 좋은 어른이 되겠다는 마음의 다짐은 점점 더 가망 없는 꿈이 되고 있다. 어른이라면 옷깃을 여미며 살아야 한다. 경험과 연륜을 바탕으로 제 삶을 꾸리고, 남에게 선한 영향력을 끼쳐야 한다. 1941년 11월 20일, 스물네 살 청년인 윤동주가 쓴 「서시」를 읽을 때마다 부끄러움을 느낀다. 윤동주는 제 보신과 영달보다도 예민한 양심에 저를 비춰보고 돌아보는 사람이 되고자 했다. 이 순결한 청년의 시에 공감을 한다면 당신은 참 어른이 될 가능성이 있다. 제 보신과 영달을 좇는 게 아니라 예민한 양심으로 제 행위를 돌아보는 사람, 남의 안위를 걱정하고 기꺼이 돕는 사람, "별을 노래하는 마음"을 품고, 제 길을 뚜벅뚜벅 걷는 사람이 진짜 어른이다.

고백하자면 내 젊은 시절 꿈은 좋은 어른이 되는 거였다. 어른이 된다는 것, 그건 인생의 한 화두였다. 서른쯤 되자 인격이 굳어지고, 사회에서의 위치도 정해졌다. 그 무렵부터 어른 대접을 받았던 것 같다. 대체로 이맘때 부모의 그늘에서 벗어나 독립을 이루고, 가족 부양의 책임을 다하며, 사회 활동에도 나선다. 생물학적 나이만 찼다고 저절로 어른이 되는 것은 아니다. 신체 성장, 집과 은행 잔고, 너른 인맥과 사회에서의 자리 따위가 어른 됨의 전부일 수는 없다.

덩치는 크지만 미숙한 이들은 '어른-아이'들이다. 그들은 내면의 견실함이라곤 한 점도 찾을 수 없는 철부지들이다. '꼰대'들이 넘치는 사회에서 어른 찾기란 실로 어려운 일이다. 한 인물 다큐멘터리 제목의 '어른'이라는 단어가 유독 눈에 띄었다. 경남 진주에서 한약방을 해서 모은 돈으로 학교를 세우고, 제 옷 한 벌 허투루 사지 않지만 전 재산을 선뜻 사회에 내놓은 한약사의 스토리를 담은 다큐멘터리 영화가 화제였다. MBC경남에서 제작한 「어른 김장하」는 웃음과 훈훈함과 감동을 다 잡았다는 극찬을 받으며 삶의 지표가 될 만한 어른의 이야기라는 입소문을 타고 '김장하 열풍'을 일으켰다.

'김장하 열풍'은 우리 사회에 어른의 품격에 대해 생각할 계기를 던진다. 어른이란 곧 일하는 사람이다. 즉 자기 노동으로 생계를 꾸리고, 가족 부양의 책임도 기꺼이 지는 사람이다. 일하지 않는 사람은 어른의 자격이 없다. 어른은 제 삶의 무게를 받아들이고 견디는 사람이고, 필요한 교양과 지식을 쌓으며, 어른의 일을 감당한다.

신체 발육은 끝났지만 어른이 되지 못한 이들은 내면의 안정감이 떨어지고, 매사에 무책임하다. '어른-아이'들은 자기와 다른 의견을 가진 사람들과 불화하고, 자기 고집이 세며 유아적으로 행동하기 일쑤다. 영원한 미숙아들이 배움과 수련을 건너뛰고 어른의 세계로 들어서는 것은 끔찍한 일이다. 경험의 얕음과 인격의 미성숙으로 숱한 실수와 시행착오를 저지른다면 어른 되기에는 아득하다고 할 수 있다.

어른과 대척되는 자리에 응석받이, 철부지, 어른-아이들이 있다. 심리학에서 말하는 '피터팬 증후군'을 가진 이들이다. 유전적 요인이든지 환경적 요인이든지 어른 되기를 거부한 이들은 사회적 책임이나 경제적 독립을 유예하고, 몽상과 현실을 분별하지 못한다. 공중이 이용하는 도서관이나 스포츠 센터, 대중목욕탕 같은 시설에서 기초적 공중도덕을 안 지켜 불쾌감을 주는 이들을 과연 어른이라고 부를 수 있을까?

김장하 선생이 던진 화두는 어른의 품격이란 무엇인가라는 것이다. 어른이란 인생 경험과 연륜을 통해 '각성한 인간'에게만 주어지는 영예다. 각성이란 지식과 경험에서 만들어진 깨달음이고, 성숙의 징후이며, 원숙한 지혜의 단초다. 그것은 옳고 그름에 대한 분별력을 키우고, 시민의식을 갖추며, 세상의 일들에 지혜로운 중재자의 소임을 다하면서 얻는 것이다. 어느 분야에서나 어른-아이들이 지도자 노릇을 하면서 음흉한 꾀를 내며 사익 추구에 몰입하는 행태는 한심하고 역겹다. 사회에 만연한 탐욕과 이기주의, 과잉 히스테리, 갈등과 긴장들은 어른이 없는 탓이다. 미숙한 인격체들이 분비하는 사악함은 부의 양극화, 약자에 대한 차별, 공정성과 정의의 실종, 동물 학대와 생명 경시, 살인과 폭력들로 드러난다. 바로 이것이 우리 사회를 각자도생의 지옥으로 몰아넣는다.

어른의 품격이란 무엇인가? 쩨쩨하고, 자기중심적이며, 남의 고통에 무감각하거나 관심이 없고, 확증 편향에 사로잡힌 이들에게서는 좀처럼 어른의 품격을 느낄 수가 없다. 그들은 소란과 허장성세로 갈팡질팡하거나 말초적 감각에 휘둘리고, 욕구와 충동에 따른다. 어른의 품격은 절제와 포용, 관대함, 높은 자존감과 윤리의식을 두루 갖춘 인격과 태도에서 나온다. 사려와 분별이 깊고, 앎과 행동이 하나이며, 연륜과 나이에 맞는 교양과 예의로 품격을 드러내는 이들과 더불어 사는 것은 즐거운 일이다. 사회에 선한 영향력을 끼치고 후대에게 삶의 푯대가 될 수 있는 어른이 많은 사회가 좋은 사회다.

나이 유감

누군가 나이를 물을 때마다 곤혹스럽다. 그 곤혹스러움은 늙음을 감추고 싶은 게 속마음인데 그걸 들켜버린 데서 온다. 세월이 가면서 신체 노화의 정도, 쇠락의 징후들은 더 흉하게 불거진다. 얼굴에 드러난 주름살과 검버섯, 피부의 늘어짐, 백발, 기억력의 쇠퇴 등은 늙음이 초래한 징표들이다. 어느 날 거울을 보다가 늙는다는 실감이 불청객처럼 인생에 끼어들 때 나이 듦을 자각하고 자기도 모르게 움츠러들지도 모른다.

나이란 출생 이후 흐른 햇수 혹은 존재 안쪽에 새겨진 나이테다. 나이란 기억의 세목들과 더불어 생성된 시간의 두께이고, 고독과 불안, 수치와 졸렬, 기억과 망각이 섞인 세월의 집합체, 생의 깊은 곳에 숨은 세월의 퇴적층이다. 예전엔 '경로우대'란 말도 있었지만 지금은 거의 사라졌다. 유교적 윤리를 담은 '장유유서'라는 말도 고대 유물처럼 남아 있으나 노인이 예우의 대상이 되는 경우는 드물다.

나이보다 젊어 보인다라는 말은 세월의 흐름보다 천천히 나이를 먹는 사람이 들을 법한 소리다. 나이의 구속에서 벗어나 살았다는 의미와 여전히 젊음이란 상징 자본을 갖고 있다는 의미를 함축한 칭찬이다. 나이는 나를 삼킨 세월의 응축이고, 살아온 세월과 그 속에서 겪은 사건의 총합이다. 나이가 삶에 공훈을 세워 얻은 훈장이라고 할 수는 없다. 그것은 삶의 성취와 무관하게 거저 얻은 결과이니, 나이 많음을 자랑거리로 내세우는 짓은 비웃음을 사기에 맞춤한 일이다.

나이란 의지가 만든 결과물이 아니다. 누구나 세월의 흐름에 따라 생물학적 나이를 보태게 되어 있다. 사람은 유아기, 사춘기, 청년기, 장년기, 노년기를 차례로 거친다. 나이에 걸맞은 삶의 형상이 있다고 믿는 까닭에 나이대로 매듭을 짓고 구분할 테다. 누군가는 나이를 인격의 성숙도와 가치를 가늠하는 요소로 받아들인다. 나잇값을 못 한다라는 말은 나이와 비대칭을 이룬 인격의 미성숙함과 성긴 앎으로 사람 구실을 다하지 못한다는 비판이다. 아울러 한 개별자의 부실한 인격과 실행 능력의 허접함을 콕 집어 지적하는 비난이다. 나이가 들수록 완숙 경험과 지혜, 이성의 분별을 가져야 한다는 당위에 비추어 볼 때 이 비판과 비난은 정당하다.

스무 살 때 나는 조급증에 빠지곤 했다. 왜 그토록 시간이 더디 흐르던지! 나이의 제약에 묶인 채로 질풍노도의 불안정과 내면의 무정부 상태에 빠져 괴로워했다. 스무 살은 신뢰할 수 없는 미숙함의 징표일 뿐, 푸르게 뻗치는 도약과 약동과는 거리가 멀었다. 젊음이란 경미한 뇌진탕과 같았다. 나는 빨리 늙기를 바랐다. 그것은 오직 혼란에서 벗어나기 위해서였을 것이다. 젊은 시절 현실의 압박감에 괴로워하며 미래의 시간을 열망하는 것은 나만의 일은 아닐 테다. 미래는 실현이 유예된 채 공허로 가득 찬 상태로 공수표를 남발하며 기망과 희망 고문을 번갈아 가며 일삼았다. 나는 미래를 믿을 수가 없었다. 나이가 들어 젊음을 돌아보고 난 뒤에야 그것이 얼마나 찬란한 것이었나를 깨친 게 슬펐다.

돈을 날린 노름꾼처럼 청춘을 탕진한 채 늙음을 실감하는 사태는 난감하다. 누군가는 고립된 채로 고독사를 맞고, 누군가는 요양병원에서 쓸쓸히 인생 종막을 맞는다. 노모는 요양병원 침상에서 연명 치료를 받다가 죽음을 맞았는데, 나는 한 인간이 무력하게 쇠락해 가는 걸 지켜보며 꽤나 충격을 받았다. 노인이란 죽음과 조우하는 사람이다. 죽음이란 나이 듦의 종착역이자 알 수 없는 곳에서 다가오는 생의 필연적인 재난이다. 누가 감히 죽음이란 절대 조건에 저항할 수 있을까? 인간은 죽음을 필연으로 수납할 수밖에 없다. 고령이란 "삶의 맥락으로 편입되지 못하"는 잉여의 시

◦ 로마노 과르디니, 김태환 옮김, 『삶과 나이』(문학과지성사, 2016), 127쪽.

간이고, 죽음의 징후들로 수놓인 예고편에 지나지 않는다.

늙음이 어리석음이나 윤리적 결함 때문이 아닌 게 분명한데도 노인 혐오는 공공연하게 벌어진다. 이런 사회는 좋은 사회는 아닐 테다. 그 혐오의 극단은 노인을 유령 취급하는 일이다. 이 혐오는 젊음을 표준으로 삼은 데에 따른 오류에서 비롯된 것이다. 노년이 추레하고 젊음이 빛난다 해도 젊음을 가치판단의 척도로 삼아야 할 정당성은 어디에도 없다. 나이 듦은 암초가 아니거니와 무의미한 모자 장식도 아닐 테다. 나이는 차라리 자아의 성장을 이끄는 우리 안의 예민하고 지혜로운 동물이다(나이에서 "예민한 동물"이라는 은유를 끌어낸 것은 프랑스 철학자 마르크 오제다). 노인은 생의 전 기간에 걸쳐 생존 투쟁을 견디고 여유와 원숙함이라는 상징 자본을 챙기고 돌아온 사람이다. 노인은 삶이라는 전쟁에서 돌아온 영웅이다. 나이 듦은 자랑거리도 아니지만 부끄러워할 이유도 아니다. 더는 나이 듦을 부끄러워하지 말자. 누군가 나이를 묻는다면, 나는 꽃 같은 미소로 대답을 대신하겠다.

자화상

사람이 외부의 포섭 없이 저 스스로 오롯하게 존재하는 건 불가능한 일이다. 사람은 상호 영향을 받는 이러저러한 네트워크에 소속된 채로 살아가는 존재다. 그렇다고 트라피스트 교단이나 좌익 사회주의 혁명당원, 혹은 이슬람 근본주의 정파에 소속될 생각은 추호도 없다. 나는 어떤 정당 활동도 원치 않는다. 그건 네트워크의 일원으로 살기보다는 독립적 자아로 사는 걸 더 좋아하는 까닭이다.

    나는 아침 8시면 넥타이를 매고 출근하지 않는 걸 다행이라고 여긴다. 시간을 내 맘대로 쓰는 집필 노동자로 사는 것에 감사한다. 카페든 집 안의 거실이든 랩톱을 열고 앉는 자리가 내 일터고 현장이다. 나를 보행자, 애묘인, 독서광, 작가로 알고 있는 사람도 있다. 나는 아파트 입주민, 헬스클럽 회원, 넷플릭스 가입자, 종합소득세 과세 대상자, 2종 운전면허 소지자, 실손보험 가입자, 국민의료보험 가입자다. 내가 누구인가를 아는 것, 내 정체성에 대한 가감 없는 통찰이 교양의 시작점이라고 생각한다.

　나를 낳은 건 어머니고, 내게 피와 정신을 준 건 아버지이며, 나를 빚은 건 땅과 물과 바람이다. 나는 땅에서 자라는 식물과 뿌리채소들을 먹고, 태양과 바다, 땅의 장소들에 기대어 산다. 그것들의 조력이 없었다면 나는 없었을 테다. 나는 사람과 사람 사이에서 많은 것들을 배우고 익혔다. 내 자아는 사람과 사람 사이에서 그 윤곽과 형태를 빚었다.

　나를 만든 건 과거-시간들이다. 과거는 우리가 사는 현재를 떠받친다. 과거의 중첩에서 현재가 나온다. 현재라고 믿는 것은 과거라는 뿌리에 잇대인 한에서 현재다. 현재는 과거의 퇴적과 연루된다. 그것은 무수한 현재에 의해 과거로 밀려나며 퇴적층을 이룬다. 과거는 이미 지나간 과거를 뒤집어쓴 현재다. 과거가 곧바로 현재로 이행하는 경우는 없다. 과거-기억은 현재라는 심연에서 분리와 결합 운동을 하며 비동시성의 동시성을 드러낸다. 과거는 기억을 응고화하는 과정에서 여러 번 되풀이하고, 현재의 중첩 속에서 비동시성의 동시성이라는 차이를 반복하며 현재로 솟구친다.

○ ○ ○

나는 잡식성 동물이고, 염색체가 XY인 남성이다. 나는 직립 보행을 시작한 영장류에서 진화한 초기 인류의 후예다. 오른손잡이고, 한 주일 중에서 수요일을 좋아한다. 왜 수요일을 좋아하는지 그 이유를 설명하지는 못한다.

    고전이라는 면류관을 쓴 책들, 남들이 안 읽는 책들을 애써 찾아 읽는다. 다독가의 인격이 저절로 고결해지는 건 아니라고 믿는다. 인류 최악의 학살자라고 기록될 만한 악당 히틀러도 한때는 독서광이었다. 나는 출판사와 출판권 계약을 하고 책을 내는 사람이다. 책을 출판해서 저작권료와 원고료를 받고, 그걸로 쌀과 부식을 사고, 가끔 소고기도 사 먹으며, 국민의료보험을 포함해 각종 세금과 공과금을 낸다.

    나는 광합성을 할 줄 모르고, 따라서 필수 영양분을 존재 바깥에서 공급받아야 살 수 있다. 임사체험을 한 경험이 없지만 나는 여전히 죽음을 향해 있는 존재다. 죽음은 우리 안에 있는 씨앗이다. 생명으로 잉태된 찰나부터 우리 안의 생명 시계는 째깍거리며 돌아간다.

    나는 태초의 조상이 나무에서 나왔을지도 모른다고 생각한다. 어쩌면 나는 나무-인간이다. 나는 고대 유적이 많은 아테네나 크레타섬을 좋아한다. 첨성대와 불국사와 왕릉이 있는 경주를 좋아한다. 나는 국제공항을 거쳐 북유럽 국가같이 먼 나라로 떠날 때 가슴이 설렌다. 마라톤 경주를 좋아한다. 인간이 자기 한계를 넘는 스토리텔링에서 큰 감동을 받는다. 나는 화가 마티스처럼 앤티크 의자를 좋아한다. 나는 고가구와 지중해와 여름밤의 유성우를 좋아한다. 모란과 작약이 꽃 피는 봄날을 좋아한다. 달과 온천을 좋아하고, 기차 여행을 좋아한다.

나는 주먹을 휘두르거나 발로 차서 타인의 뼈를 부러뜨리거나 몸을 상하게 한 적이 없다. 나는 총을 가진 적이 없다. 당연히 누군가를 겨냥해 총의 방아쇠를 당겨본 적도 없다. 나는 살인을 저지른 적이 없고, 앞으로도 그럴 작정이다. 남을 시기한 적은 없지만 마음 어딘가에 한 점의 시기심도 없었다고 말하기는 어렵다. 나는 정의를 부르짖는 사람을 믿지 않는다. 정의란 공허한 외침 속에 부재한다고 믿는다. 살아보니, 정의를 부르짖는 소리가 요란한 곳에는 항상 정의가 없었다.

나는 대마초나 마리화나를 피운 적도, 환각에 대한 동경도 없다. 평생을 비흡연자로 살았지만 비흡연자로 산 걸 후회한 적은 없다. 나는 자살 시도를 한 적이 없고, 앞으로도 목숨을 끊을 생각은 없다. 나는 정치적 올바름을 따르지만 정당 가입이나 당비 납부를 할 계획은 없다. 나는 성이나 인종을 포함한 모든 차별에 반대한다.

공장식 가축 사육에 반대하고 동물성 제품의 소비를 줄여야 한다고 생각하지만 그게 뜻대로 되지는 않는다. 마찬가지로 인류가 플라스틱 남용으로 바다를 오염시킨 것에 분노하면서도 플라스틱 제품을 쓴다.

우리는 각자도생의 각박한 시대를, 미증유의 기후위기

시대를 통과하는 중이다. 나는 기후변화로 바다 수온이 상승하고, 산호초의 99퍼센트가 망가지고, 지구 생물 중 900만 종이 생태계 교란의 영향을 받는 지구 생태계를 걱정한다. 기후변화는 인류 멸망을 낳을 만한 시한폭탄이다. 인류 멸망이 지구 생태계에는 찬란한 사태라고 생각한다.

지구 온도가 지금보다 4도에서 7도 낮은 시대에 살던 지구 동물들을 떠올린다. 나는 5천만 년 전 열대우림이 들어선 남극을 상상하는 것만으로 가슴이 웅장해진다. 알래스카에 야자수들이 자랐다는 게 믿기지가 않는다. 1만 2천 년 전 인류가 농업을 시작한 이래 야생 포유동물의 83퍼센트와 식물종의 절반이 사라진 건 끔찍한 사태다. 인류가 해마다 650억 마리의 닭을 먹어치운다는 통계는 입맛을 떨어지게 한다. 당분간 통닭을 먹을 수 없을 것 같다.

나는 생물종 중 소수만이 거울에 비친 제 모습을 인지한다는 걸 안다. 거울에 비친 상으로 제 모습을 인지한다고 자신을 더 잘 안다고 단정할 수는 없다. 나는 음악에 기대어 지루함과 환멸을 견딘 시절이 있다. 음악은 최고의 예술이다. 음악의 천재인 바흐, 베토벤, 비틀스를 좋아하는 사람을 좋아한다. 나는 반도덕적인 인간이 아니다. 늘 정직하고자 애쓰지만 항상 정직한 건 아니다.

지구에서 3만 2천 킬로미터 떨어진 바깥에서 지구는 아름다운 푸른 행성으로 보인다. 1961년 구소련의 우주인

유리 가가린은 최초로 외계에서 지구를 관측한다. 유리 가가린 이후 567명의 지구인이 지구 대기권 바깥으로 나갔다. 닐 암스트롱이 아폴로 11호를 타고 달 표면에 첫 발자국을 남긴 것은 1969년 7월 21일 오전 2시 56분이다. 그는 미국 휴스턴 관제센터에 "여기는 고요의 바다, 독수리는 착륙에 성공했다."라고 보고한다. 나는 인류가 달 표면에 닿았던 해에 시를 쓰기 시작했다. 그렇다고 내 시 습작이 인류의 달 탐사 프로젝트와 관련이 있다고 생각하지는 않는다.

미국 항공우주국에서 쏘아 올린 무인 우주 탐사선 보이저 2호가 목성, 토성, 천왕성, 해왕성 옆을 비행하며 탐사를 한 뒤 2018년 태양계를 넘어 성간 우주로 들어선다. 보이저 2호는 2030년경 플루토늄의 고갈로 전력 생산을 그치면 지구와의 통신이 끊긴다고 한다. 보이저 2호는 저 광막한 우주의 미아가 되어 떠돌 텐데, 상상만으로도 슬픔이 차오른다. 젊은 날 한때 작가이자 무신론적 실존주의 철학자인 알베르 카뮈의 매혹에 빠졌다. 내 20대의 허무주의와 탐미적 감수성에 그의 영향이 아주 없었다고 할 수는 없다. 카뮈는 왜 자살하는가라는 물음에 왜 자살하지 않는가라는 반문으로 대답을 대신한다. 카뮈에 따르면 우리가 사는 것은 딱히 살아야 할 이유가 있기 때문이 아니다. 사람들은 죽어야 할 이유를 딱히 찾지 못해 생을 잇는다. 삶의 부조리와 모순, 참을 수 없는 무의미에도 불구하고 삶을 버리지 못하는 것은 날마다 공중엔 태양이 뜨고 땅에서는 해바라기들이 자라고 있는 까닭일 테다. '자살'이란 단어는 순서를 바꾸면 '살자'가 된다. 삶과 죽음의 차이는 그만큼 작을지도 모른다. 죽어도 그만, 살아도 그만이라면 눈 딱 감고 살자. 기어코 살아보자.

나는 여전히
뭔가를 찾고 있어요

앵두나무에 박새 몇 마리가 포르르 날아와 앉는다. 마당에서는 불두화꽃이 피고, 앵두나무 가지에는 앵두들이 붉게 익어간다. 남해의 섬과 섬 사이에서 물결은 잠잠하고, 정박한 배들은 묶인 채 조용히 흔들리고 있다. 파란 하늘엔 흰 구름이 적멸보궁 형상으로 피어오르는데, 꿀벌은 만개한 꽃들 위에서 붕붕거리며 부지런히 꿀과 꽃가루를 채집한다. 복숭아나무에서는 복숭아가 최선을 다해 여무는 동안 지난 가을 담근 고추장에는 순한 단맛이 든다. 장을 담은 항아리들은 반짝거린다. 나는 가르랑거리는 어린 고양이의 부드러운 털에 코를 묻고 햇빛 냄새를 맡는다. 해는 떴다가 지고, 달은 야위었다가 차오르기를 반복하고, 어린 고양이는 성체 고양이로 자라난다. 나는 그런 합법칙과 오성이 작동하는 놀라운 세계에서 산다.

어느 해인가, 기차를 타고 예정에 없던 여행을 떠났다. 일제 강점기에 지은 오래된 건축물과 적산 가옥들이 유적처럼 남은 항구도시를 종일 쏘다니다가 한밤중 숙박업소에 들어 불을 껐을 때다. 옆방에서 라디오 소리가 제법 또렷하게 들려왔다. 눈을 감은 채 들은 노래는 빌리 조엘의 「꿈의 강 The River of Dreams」이란 노래였다. '우리는 작은 시냇물에서 시작하지. 각자 꿈들의 강을 거쳐 큰 바다에서 끝을 맺지. 그리고 알 수 없는 무언가를 찾고 있어. 그것은 눈먼 사람의 눈으로만 볼 수 있지.' 가사와 멜로디가 좋은 노래에 나는 진심으로 감탄을 한다. 나는 퇴락한 도시에서 무얼 찾아 헤맨 걸까. 무언가가 나를 흔들고 지나간 게 틀림없다. 그게 무언지는 알 수가 없다. 당신은 누구십니까? 나는 아무도 아니에요. 이튿날 아침 한 식당에서 조반을 먹고 다시 집으로 돌아왔다. 내가 찾는 것은 무엇이었을까?

서른 해가 넘게 시간이 흘러갔다. 여름은 뜨거웠고 겨울은 추웠다. 그새 생의 변곡점이 될 만한 사건들이 몇 번은 지나갔을 테다. 나는 책을 읽고 좋은 음악을 들었다. 더러는 그것들에 빠졌다. 공훈 훈장 따위는 받지 못했지만 제정신을 갖고 살았다. 몇 번의 연애가 후루룩 지나갔다.

예나 지금이나 혼자 여행하는 걸 좋아한다. 삶이 팍팍할 때는 파리나 베를린같이 낯선 도시의 길들을 헤매다가 돌아온다. 예전의 성 정체성을 유지하고 있다. 당연히 성전환 수술도 다량의 여성 호르몬을 투여할 생각도 없다. 나는 젊음을 탕진하고 속절없이 늙는다.

그러다가 어느 여름 아침 우연히 라디오에서 흘러나오는 빌리 조엘의 노래를 듣는다. 빌리 조엘은 서른몇 해 전과 같이 난 뭔가를 찾고 있는 것이 틀림없어,라고 노래를 한다. 인생의 진실이란 뭘까라고 여전히 스스로에게 질문을 던진다. 무지한 어린아이처럼 나는 인생의 진실이 무엇인지를 캐물으며 살아간다.

양자역학의 원리가 작동하는 우주에는 수천억 개의 별, 은하계, 성운, 암흑물질들이 상호 영향을 주고받으며 공존한다. 나는 종종 밤하늘을 바라보며 별들의 불가사의한 삶과 죽음에 대해 사유한다. 우리는 우주의 시간과 공간을 가로지르는 여행자다. 지구는 창백한 빛을 내며 우주에 떠 있는 아주 작은 점이다. 이 사랑스러운 녹색별은 우리 은하 소속 오리온자리의 나선 팔에 있는 태양계 제3행성 자리에 있다. 인류는 원핵 생명체에서 수백만 년에 걸쳐 영리한 생명체로 진화한다. 우리는 그 후예들이다. 우리는 이 지구에서 사랑하다가 다른 어딘가로 떠나는 여행자들이다.

우리는 어린 고양이에게 침대 한쪽을 내어주고 잠든다. 가을 오후에는 카페에 나가 몇 시간을 앉았다가 돌아온다. 애동지가 돌아오는 겨울 초입에는 계절성 우울증을 앓는다. 동물 보호 단체와 난민 후원 단체에 정기적으로 소규모 후원금을 보낸다. 출퇴근 시간 전동차는 사람들로 꽉 차고, 병원 영안실에는 문상객들로 넘치는 이 끔찍하고 아름다운 세계에서 사람답게 사는 것은 어떤 것일까? 우리를 사람답게 만드는 것은 생각함이다. 생각함은 외부 세계에 대한 감각 자료를 입력하고 그걸 출력하며 뇌에서 정보처리를 하는 과정이다. 그 생각함에 머무를 때 우리는 비로소 사람이다. 당신과 나는 먹고사는 것을 넘어서서 우주와 인생의 궁극적 의미를 찾느라 시간을 보낸다. 물론 너무 바빠서 인생의 의미 따위는 저 뒷전으로 팽개쳐 둔 사람도 두엇은 있을 테다. 지구 생명체 중 의미를 찾는 존재는 사람이 유일할 테다. 그 유일함으로 사람은 동물 일반과 분별된다. 나는 의미를 찾는다. 고로 존재한다. 이 명제는 참이다. 사는 내내 제 삶을 골똘하게 들여다보며 존재 이유를 궁구하는 것은 의미의 존재로 살기 위함일 테다.

한때 선사들의 일화에 흥미를 가졌던 적이 있다. '마전성경磨磚成鏡' 일화가 생각난다. 마전성경이란 말은 벽돌을 갈아 거울을 만든다는 뜻이다. 남종선南宗禪의 조사인 마조 도일은 육조 혜능 아래서 수행한 남악 회양의 제자로 알려진 인물이다. 회양은 마조에게 "소를 수레에 매서 수레가 가지 않을 때 수레를 쳐야 옳겠는가, 소를 때려야 옳겠는가?"라고 물었던 선사다. 회양은 좌선에 깊이 빠진 마조에게 묻는다. "수좌는 좌선을 해서 무엇을 하려는고?" "부처가 되고자 합니다." 얼마 뒤 회양 선사는 벽돌을 구해 암자에서 갈기 시작한다. 마조가 스승에게 여쭈었다. "스님, 벽돌은 갈아서 무엇 하시렵니까?" "거울을 만들고자 하네." "벽돌을 갈아서 어떻게 거울을 만들 수 있습니까?" "벽돌을 갈아서 거울을 만들지 못할진대, 좌선을 한들 어떻게 부처가 될 수 있겠는가?" 벽돌을 천년 갈아서 거울을 만드는 것은 불가능하다. 좌선을 한다고 부처와 같은 깨달음을 얻는 건 불가능하다. 그 찰나 마조는 벼락이 내리꽂히듯 한 소식을 듣는다.

스승이 내리친 장작개비에 어깻죽지를 맞거나 문턱에 걸려 넘어지는 찰나에 한 소식을 들은 선사도 있다. 나 역시 그 한 소식에 목말라했지만 그건 폭우에서 가뭄을 만들어 내는 것만큼이나 불가능한 일이다. 나는 일찍이 그 불가능성을 깨닫고 그것에서 놓여났다. 하지만 여전히 부처, 예수, 노자, 장자, 공자, 혜능 선사, 마더 테레사, 오쇼 라즈니쉬, 차라투스트라(니체의 분신!) 같은 선각자들에게 마음을 빼앗겼다. 그렇다고 내가 이 선각자들의 추종자는 아니었다. 생은 영원한 수수께끼다. 인간은 한낱 짐승에 지나지 않는다. 한 소식을 듣지 못했지만 최악의 길을 피하느라 고심하고, 시간을 다 바쳐 이룰 그 무언가를 찾느라 애쓰며 살아갈 뿐이다.

누구나 가슴에 공허와 무의미를 품고 사는 것은 견디기 힘든 고역일 테다. 인간이 죽음을 품고 사는 게 아니라 죽음이 인간을 품는다. "왜 죽음은 내 존재를 가득 채우며 고동치고/내 일생을 몇 초秒의 날갯짓에 묶어두는가?"

2,500년 전 고타마 싯다르타는 깨달음을 얻은 뒤 인생은 고해라고 선언한 뒤에 석가 혹은 부처라는 이름을 얻는다. 태어나는 것도 태어나 죽는 것도 다 고통이다. 우리는 이 고통의 굴레를 쓴 채 한생을 건너간다. 부처는 이 단순한 진리를 깨닫고 저잣거리에 나가 고해 속에서 끌탕을 앓는 대중에게 설법을 펼친다.

 진리의 목적은 단 하나 인간을 자유롭게 하는 데 있다. 한 과부가 외아들이 죽자 부처에게 죽은 아들을 살려달라고 울부짖으며 매달린다. 부처는 어미에게 "네가 살고 있는 성에 가서 사람이 죽어 나오지 않는 집을 찾아라. 그 집에서 얻은 쌀로 떡을 해오면 내가 그 떡을 먹고 네 아들을 살려주마." 했다. 어미는 성으로 달려갔지만 사람이 죽어 나오지 않는 집을 찾을 수가 없었다. 부처는 빈손으로 돌아온 이미에게 말한다, 죽음은 피할 수 없는 숙명이라고! 그 어미는 부처의 말씀을 듣고 집착을 끊어내고 자유를 얻었을까?

○ 아도니스, 김능우 옮김, 「산고産苦」, 『너의 낯섦은 나의 낯섦』(민음사, 2020).

카르페 디엠

한 주일 전에 만났던 지인이 죽었다는 날벼락 같은 소식이 날아든다. 우리는 반갑게 인사를 나누고 건재함을 확인하고 다음 만남을 기약하고 헤어졌는데, 그새 유명을 달리했다니 놀랄 만하다. 사인은 심근경색이었다. 죽은 당사자는 잃을 것도 얻을 것도 없겠지만 살아 있는 나는 황망한 마음에 일손을 놓고 망연히 앉아 있었다. 다시는 웃으며 말하는 그를 볼 수 없을 거라고 생각하니, 죽고 사는 일의 덧없음이 밀려든다. 무생물계 저편으로 사라진 그의 부재는 도무지 실감이 나지 않는다.

언젠가 점심 식사 자리에서 그는 시인이 된 계기를 유쾌하게 들려주었다. 그는 과도와 잘 익은 사과 한 알을 보자기에 싸서 한국 시의 전설인 원로를 찾아가 당돌하게 가르침을 청한다. 그걸 계기로 사제 간의 연을 맺고 배움을 잇다가 시인이 되었다 한다. 그는 동료들의 신간 시집을 받아 읽은 뒤 반드시 재생 용지에 쓴 감사 편지를 보내는 걸로 잘 알려져 있다. 나도 반듯한 글씨로 쓴 그 편지를 받은 적이 있다. 동료들의 창작을 격려하는 선의가 작동했을 테다.

죽음이란 생명 이전으로 돌아가는 것이다. 무의 저편으로 사라짐. 인류는 불사에의 소망을 품었지만 회춘이나 불사에의 소망은 가망 없는 짓이다. 인간은 누구나 예외 없이 죽음을 맞는다. 우리는 개인으로 죽음을 맞는다. "개인이란 '타인들'의 특별한 만남의 장소이자 합류의 장에 불과한 것이 아닐까? 우리의 죽음이란 결국 타인들의 죽음이 아닐까?" 땅에 매장된 죽은 자는 부패하고 원소로 해체되어 가뭇없이 사라진다. 내 아버지의 아버지, 그 아버지의 아버지, 그 아버지의 아버지도 마찬가지다. 어쩌면 무병장수를 꿈꾸었을 그들은 흙에 묻힌 채로 분해되었을 테다. 생명 활동을 마치고 사라진 존재들, 죽은 뒤 존재 이전으로 돌아간 자들은 애잔하다. 평생 떠나지 않은 한 가지 의문은 신은 왜 결국 무로 돌아갈 존재를 창조했을까, 하는 것이다. 이토록 생생한 본성과 감각, 지성을 가진 인간이 어떻게 무로 사라질 수 있는가?

인간은 한 생명체로 태어나서 죽음이라는 한계 안에서 생각하고 말하며 생물학적 실존을 잇는다. 우리는 죽음이란 놀라운 실존 사건을 단 한 번씩 겪는다. 죽음은 호모 사피엔

○ 앙리 라보리, 서희정 옮김, 『도피 예찬』(황소걸음, 2024), 116쪽.

스라는 종이 마주한 영구불변의 조건이다. 지구 생명체 중에 자기 죽음을 투명하게 인식하는 건 호모 사피엔스가 유일하다. 메멘토 모리, 죽음을 기억하라! 이 경구는 우리가 죽음을 향하여 있는 존재라는 걸 기억하라는 뜻이다. 사람은 갖가지 질병을 끌어안고 있다가 죽는다. 질병은 생물학적 존재로 엄연한 인간의 생태적 균형을 흔드는 일인데, 오히려 질병을 겪으면서 우리는 죽음에 대한 불안과 저항을 누그러뜨린다.

인간은 대뇌변연계를 갖게 되면서 장기 기억 처리가 가능해진다. 이것은 과거라고 뭉뚱그려 말하는 '긴 시간'을 뇌의 해마와 편도체에 저장하고 산다는 뜻이다. 긴 시간 동안 쌓은 경험과 지식을 활용하며 인간은 훨씬 더 똑똑해진다. 긴 시간은 기억의 양태로 과거에서 현재를 거쳐 미래로 이어지는데, 그 안쪽에는 사랑과 이별, 명예와 비루함, 고통과 쾌락들이 마치 올실과 날실로 짠 카펫처럼 펼쳐진다. 삶은 긴 시간이라는 카펫 위에 세워진다. 그 카펫은 죽음과 함께 거둬진다. 죽음은 우주적이고 영적인 차원에서 이루어지는 순환의 일부가 아닐까? 그것은 몸이라는 유기체의 구조를 버리고 또 다른 차원으로 넘어가는 일이 아닐까?

불면으로 깨어 있는 동안 나는 죽음을 생각한다. 죽음은 우리 안에 작은 씨앗처럼 머무르다가 싹을 틔우고 자라난다. 죽음은 자라나서 예기치 않은 때에 우리를 포획한다.

죽음은 나의 화두, 불가사의한 수수께끼였다. 나는 죽음으로 인한 혼돈과 불안에서 멀리 달아나려고 했다. 이 도피 욕구는 두려움에 사로잡힌 내 무의식의 본성이 낳은 것일 테다. 누구도 살아 있는 동안 제 죽음을 겪을 수 없다. 내 대뇌 피질에 오롯하게 자리 잡은 죽음에 대한 관념은 타인의 경험에서 유추된 결과물이다.

흙에서 나온 자는 흙으로 돌아간다는 이 명쾌한 진리에 따르면 무릇 죽음은 태어남 이전으로 회귀하는 일이다. 무에서 나와 유로 존재하다가 다시 무로 돌아가는 것, 그것이 죽음이다. 어머니의 임종 순간은 시간이 흘러도 생생하다. 형제들과 요양병원에서 어머니의 임종을 지켰는데, 마지막 숨을 거둔 직후 이불 아래로 무심히 드러낸 어머니의 하얀 발을 잊을 수가 없다. 여동생들이 오열을 하고 나는 어머니의 발을 쓰다듬었다. 나는 눈물을 흘리지는 않았다. 장례가 끝나고 보름이 지났을 무렵 통곡이 터져 나왔다. 나는 한밤중 주방에서 혼자 오래 울었다.

누가 죽음을 회피할 수 있을까? 누구도 그걸 피할 수는 없다. 사람은 본디 태어나고 죽는 존재인 것을! 부처도, 예수도, 부자도, 가난한 자도 다 죽는다. 죽음은 우리를 속박한다. 사람은 죽음이 만드는 불안에 사로잡혀 뇌가 졸아드는 두려움 속에서 짐승처럼 울부짖는다. 죽음이란 장벽 앞에서 우리는 얼마나 하찮은가! 죽음이란 궁극의 무로 회귀

하고, 삶을 완성하는 계기이자 영원한 휴식이 아닐까? 사람은 먼지만큼 작은 존재다. 먼지는 극한소로 분해된 형태의 물질이다. 우리는 더 이상 쪼개질 수 없는 입자로 공중에 떠돌다가 무로 돌아간다.

중요한 것은 살아 있는 현재다! 카르페 디엠carpe diem을 품고 살아라! 이것은 '오늘을 붙잡아라'라는 라틴어다. 살아 있는 오늘이야말로 내 인생의 화사함이 펼쳐지는 순간이다. 오늘이 없는 삶이란 존재할 수가 없다는 말이다. 오늘에 최선을 다하라는 것은 정언 명령이다. 인생의 덧없음에 비탄하거나 슬퍼하지 말라. 내일을 위해 오늘의 행복을 유예하는 것은 어리석다. 현재를 붙잡아라! 인생의 모든 기쁨과 슬픔도 현재 속에서만 가능하다. 시간이 있을 때 장미 봉오리를 거두라! 내일이면 이미 장미는 지고 말 테니까! 기억하라, 오늘이 지나면 그것은 다시 돌아오지 않는 것을!

○ ○ ○

불현듯 여행에의 욕구가 푸른 싹처럼 돋아난다. 이것은 이상한 일이 아니다. 온갖 여행들로 직조되는 게 인생이 아니던가! 여행과 삶은 미지에로의 투신이라는 점에서 닮았다. 이 여행 욕구는 겉도는 느낌, 모호한 기분들, 허전함과 지루함과 쓸쓸함, 아무도 아닌 자로 사는 눅진한 권태에서 비롯되었을 테다. 양치질을 하다가 치약의 계면활성제가 구역질을 일으키고, 구두끈을 매다가 혼자 중얼거린다. 사는 게 왜 이렇게 권태로울까? 입춘 아침, 구름이 떠가는 하늘을 보다가 올해는 먼 곳으로 여행을 떠나리라 결심한다. 여행은 먼 곳에서의 낯선 부름에 응답하는 일이고, 그 여정은 나에게서 출발해 나에게로 돌아오는 것으로 끝난다. 여행의 시작과 끝 중간에 여정이 자리한다. 마치 탄생과 죽음 사이에 삶이 발포성 음료 거품처럼 바글거리듯이. 사람들은 여행이 나를 떠나 나에게로 돌아오는 일이라는 걸 믿지 않는다.

당신이 먼 곳에서 나를 부르지 않는다면 나는 언감생심 여행을 꿈꾸지 못했을 테다. 나는 종종 상상한다. 눈뜨고 깨어나면 그곳이 낯설고 먼 고장이기를! 먼 고장으로 떠나고 싶은 욕구는 곧 나 아닌 사람으로 살고 싶다는 탈아의 욕망이다. 둘은 하나다. 마침내 여행을 떠난다. 이스탄불에서 트램을 타고 복잡한 도심을 가로지르거나, 하노이 도심 속 작은 공원을 산책하거나, 아테네 파르테논 신전 아래 벼룩시장에서 고양이 주물 인형을 고른다. 지중해와 올리브나무와 포도원이 있는 크레타섬을 꿈꾼다. 하지만 눈뜨면 늘 익숙한 현실이다. 수요일엔 쓰레기 분리수거를 하고, 주중엔 소규모의 계획과 일정이 기다린다. 현실은 허술해 보이지만 의외로 견고한 법이다.

나는 가끔 양말을 뒤집어 신고 지갑을 호주머니에 넣지 않은 채 외출한다. 나는 치과 병원이나 관공서에서 오는 전화를 싫어한다. 나는 먼 정거장에 우두커니 서 있고 싶다. 나는 잔병치레를 하지 않는 대신 비염 증세로 코가 막히거나 절박뇨로 고생을 하고 라흐마니노프 피아노 협주곡을 좋아하지만 피아노 연주는 못 한다. 내가 알지 못하는 고장의 경찰서에서 발부한 주차 위반 범칙금 고지서를 받은 적도 있다. 착오로 밝혀져 범칙금을 납부하지는 않았지만 왜 그런 터무니없는 일이 일어났을까? 서울의 지하도에서 길을 잃은 적이 있고, 외국 여행 중 입국 심사대에 서면 늘 알 수 없는 불안과 요의를 느낀다.

사람은 폭우에서 가뭄을 만들지 못한다.° 인간은 인공 강우나 인공 눈을 만들어 뿌리지만 날씨를 조종하지는 못한다. 사람이 가뭄으로 땅이 쩍쩍 갈라질 때 한 방울의 비도 만들지 못하는 것은 날씨가 하늘의 일이기 때문이다. 비 오는 날엔 박쥐우산을 들고 외출한다. 인간은 왜 날씨를 만들 수 없을까? 우리가 산다는 것은 인생의 첫 번째 리허설을 치르고 있다는 뜻이다. 내 두 번째 리허설이 있을지는 아무도 모른다. 왜 인간은 두 번 살지 못할까?

오, 불타올라라! 무언가를 뜨겁게 도모하라! 생명이 품은 가능성을 완전하게 탕진한 다음에는 먼지로 흩어지리라! 지구가 제 궤도를 도는 동안 생명의 시간은 째깍째깍 줄

° 서동욱, 『철학은 날씨를 바꾼다』(김영사, 2024), 재인용.

어든다. 잔의 적포도주가 줄듯 인생의 시간은 줄어든다. 우리 모두는 쇠락을 겪으며 언젠가 이 세상과 작별한다. 우리는 몇 번의 봄을 맞으며 모란과 작약이 꽃 피는 걸 볼 수 있을까. 그걸 속으로 가만히 짚어보는 일은 가슴 저미도록 슬프고 아름다운 속셈이다.

노스텔지어 은하계

임진강과 휴전선 너머 북한의 산야가 한눈에 들어오는 전망 좋은 장소를 찾는다. 해가 뉘엿뉘엿 질 무렵이다. 바람이 멎자 풀씨를 쪼며 재잘대던 되새 떼가 포르릉 날아간다. 인적이 없어 한적한 강변에서 황혼의 빛을 받으며 강물을 바라본다. 강물이여, 만물은 너와 더불어 쉬지 않고 흐르겠구나.

땡볕으로 정수리가 뜨겁던 여름이 엊그제 같은데, 어느덧 겨울이다. 한 해의 끝은 새해와 맞물린다. 이 무렵 우리 내부에서 추억과 멜랑콜리가 폭발한다. 사라진 것들을 향한 그리움이 맺힌다. 프랑스 작가 마르셀 프루스트에게 마들렌이 있었다면 내게는 쿰쿰하고 감칠맛 나는 청국장이 있다. 스산한 초겨울 저물녘 목구멍으로 넘기던 청국장 맛은 잊을 수가 없다. 내 미각에 새겨진 그 맛들은 내 기억 속에서 꺼지지 않는 불꽃처럼 오래 존속할 것이다.

추석 무렵 시골집 뜰 안 대추나무에 달린 열매들은 단맛이 밴 채로 여물고, 뒤뜰의 석류나무는 과피果皮가 벌어진 채 석류가 알알이 들어찬 제 붉은 속살을 드러낸다. 멧비둘기 구구대는 앞산의 산밤나무에 매달린 푸른 밤송이들은 절로 벌어져 알밤을 투두둑 털어낼 테다. 아버지가 짓고 내가 어린 시절을 보낸 고향의 옛집은 없다. 고향 마을의 느티나무는 무성한 가지를 드리운 채 늠름하고, 너른 들과 땅을 휘감아 돌아가는 강과 바람은 그대로이건만 고향의 새 주인들은 낯설기만 하다!

사는 게 죽을 만큼 힘들 때 추억이 따듯한 위로를 건넬 때가 있다. 추억은 힘이 세다. 세월이 흐르면서 추억은 빛은 바래지만 흔적 없이 사라지는 법은 없다. 추억은 우리 내면에서 지속하는 현존이다. 내밀한 추억과 비밀은 우리 생을 풍성하게 만드는 상징 재화다. 사람의 인격과 취향은 과거-경험에서 양조釀造되고, 삶은 추억-과거가 미금은 빛들로 빛난다. 추억이 늘 실제 경험에 기반하지는 않을 뿐만 아니라 인간도 과거를 항상 있는 그대로 받아들이지는 않는다. 추억은 뇌를 이루는 850억 개의 뉴런과 시냅스들의 작용 속에서 끊임없이 재가공된다. 우리가 추억이라고 인지하는 것은 경험과 몽상이 상호 삼투하며 윤색된 결과물이다. "추억은 [기억의] 재구성"이다. 추억은 기억을 더 화사하게 윤색한

○ 샤를 페팽, 이세진 옮김, 『삶은 어제가 있어 빛난다』(푸른숲, 2024), 163쪽.

다. 끼니를 거르던 시절조차 그리움으로 아름답게 포장하는 게 추억이다. 나는 열다섯 살부터 시를 쓴 볼프강 보르헤르트를 동경했다(나도 열다섯 살부터 시를 썼다). 스무 살 무렵 현실과 꿈의 괴리로 영혼이 찢긴 채 떠도는 한심한 영혼이었던 나를 창조적 약동으로 이끈 것은 그 시절의 정처 없음과 방황, 나른한 독서, 음악에의 열광 등이다. 내 삶에 조금이라도 빛나는 게 있다면, 그건 저 우울하고 힘든 어제에서 온 것이다.

왜 옛날은 자꾸 돌아와서 그리움을 지병처럼 앓게 하는가. 흥겨움으로 들썩이던 장마당도, 가설극장 천막에서 울려 퍼지던 신명 나는 트럼펫 소리도, 파리 나무십자가 소년합창단의 그 아름다운 아베마리아도 내 그리움의 세목에 속한다. 하루가 지나면 새날이 오고, 묵은해가 가면 새해가 온다. 우리는 생의 문턱들을 넘어서 오늘에 닿는다. 그 문턱은 "시간 집약적 이행지점들"이다. 우리는 허들처럼 문턱들을 넘어 새 지평으로 나아갈 수 있다. 나는 상류에서 시작해서 몇 구비를 돌아 노년에야 하류에 도달한다. 우리의 처음과 끝, 소년과 노년 사이에는 요동치는 생과 방황과 정처 없음이 자리한다. 세월의 안쪽에는 우리가 넘은 수많은 문턱들과 끝들이 쌓여 있다. 우리는 그 문턱과 끝들이 만든 퇴

○ 한병철, 전대호 옮김, 『리추얼의 종말』(김영사, 2021), 49쪽.

적물이다.

나는 과거-현재-미래라는 연속성 위에 서 있다. 현재는 과거로 밀려나고 새로운 현재가 그 자리를 차지한다. 과거의 현존은 기억에 보존되지만 과거에 고립된 채로 살지는 못한다. 과거가 땅속뿌리라면 현재는 땅 위로 솟아난 줄기와 잎이다. 우리 안의 다양한 일화 기억은 추억의 씨앗이다. 우리는 과거 경험에 기대어 현존을 지각한다. 어떤 지점을 지나면 우리의 감정과 세계관, 즉 내면 형질이 바뀌어버리는 탓에 그 이전으로 돌아갈 수 없다. 우리는 살면서 생이 방향을 바꾸는 변곡점을 지난다. 한번 떠난 고향으로 돌아갈 수 없는 것은 우리가 변곡점을 지났기 때문이다. 우리는 생의 변곡점을 뚫고 삶의 한가운데로 직진한다. 시간의 질서는 뒤틀리고, 예측하지 못한 파동이 일어난다. 삶의 변곡점을 미처 알아차리지 못한 사람은 당혹감 속에서 그 변곡점과 마주친다. 그 파장에 따라 삶은 더 좋아지거나 더 나빠진다.

오늘은 인생의 가장 젊은 날이다. 죽지 않고 살아 있으니, 우리는 열린 문과 송아지들과 어린 소나무들과 함께 살아 있음을 기뻐하자. 올해 심장과 방광은 튼튼하고 폐와 위도 그럭저럭 건재했다. 하지만 먹다 남긴 사과는 갈변하고, 어제 신은 양말 한 짝은 어디론가 사라지고, 낡은 구두는 버려진다. 한 골목의 이웃들은 삶이 곤핍하고 하루 살기는 고단했다. 경제는 하강 국면에서 허덕이고 자영업자와 소상공인들은 불황을 견디다 못해 업장의 문을 닫았다. 지리멸렬한 정치로 황폐해진 민생이 민낯을 드러내고 있다.

    나와 결별 인사를 나누고 먼 곳으로 떠난 당신은 잘 있나요? 지금 우리가 지나는 오늘은 다시 돌아오지 않겠지요. 우리가 추억을 점화하는 동안 삭풍이 불고 하천은 얼겠지요. 눈발은 그치질 않고 연사흘 내릴 때도 있겠지요. 한파가 맹수처럼 한반도를 가로지르고 설악산 대청봉이나 김제 만경평야, 지리산 노고단에도 폭설이 쌓이겠지요. 내설악 산양들은 눈 속에서 먹이를 찾아 헤매겠지요. 동네 길고양이들은 어디서 먹이를 구할까요? 가여운 고양이들이 이 한파 속에서 얼어 죽지 않고 봄까지 살아남을까요? 중환자실 침상에 누워 있는 말기 환자의 무의식엔 어떤 기억이 파노라마처럼 펼쳐질까요?

    우리는 사냥개 스무 마리와 국경에 도착한다. 우리는 묵은해와 새해 사이를 가로지르는 국경을 넘는다. 어린 딸은 웃자라 품을 떠나고 부엌을 지키는 조왕신은 여전히 그 자리에 서 있다. 지금은 서편으로 떨어지는 해가 어둠을 데려오는 시각이다. 보라, 어둠이 오고 있다. 칠흑 어둠 속 국경에는 별빛만 영롱하게 빛난다. 어둠 속에서도 별은 희망의 표상으로 반짝이는 것이다. "희망은 새로운 것을 태어나게 돕는 산파다. 희망 없이는 새 출발도, 혁명도 불가능하다. 진화도 무의식 층위의 희망에 의해 진행된다는 표현은 납득 가는 말이다. 희망은 삶의 신경을 자극하고 삶을 경직으로부터, 마비로부터 보존해 주는 살아 숨 쉬는 힘이다."○

　우리는 별을 보며 방향을 가늠하고 저마다의 길을 간다. 혼자 가는 길이 고독한가? 고독을 두려워하지 마라. 고요하게 엎드려 산사나무의 가지들이 바람에 떨며 우는 소리에 귀를 기울여라. 빗방울처럼 서로에게 기대고 체온을 나누는 동안 우리는 행복했다. 역마다 기차가 출발하고 항구마다 정박한 배들이 떠나는 시각이다. 부디 잊지 마라. 멀리 떨어져도 우리는 기쁨으로 손을 맞잡고 별 아래에서 윤무輪舞를 추어야 한다.

○ ○ ○

시골을 떠나 낯선 도시에서 시도 때도 없이 눈물을 쏟았다. 내 안에 무슨 서러움이 그토록 많았을까? 시골의 내와 강, 시골 학교 운동장, 국기게양대에서 바람에 나부끼던 태극기, 들길과 초목들, 둔덕, 외삼촌들이 꿩을 몰던 흰 눈 덮인 들이 눈앞에 삼삼하게 떠올랐다. 나는 밀려오는 슬픔에 자면서도 울고 찬밥을 먹으면서도 끄억끄억 울었다. 내 안의 결핍감 혹은 상실감의 정체가 무엇인지를 알지는 못했다.

○　　한병철, 최지수 옮김, 『불안사회』(다산북스, 2024), 59쪽.

중학교 2학년 시절 우연히 오영수라는 작가의 전집 다섯 권을 통독하고 벅차오르는 감정에 울음을 터뜨렸다. 어딘가 아픈 게 분명했다. 내가 지독한 향수병에 시달리고 있었던 사실조차 몰랐다.

노스탤지어라는 생경한 외래어를 접한 건 열대여섯 살 때다. 어떤 시에서 발견한 단어다. 노스탤지어는 정서적 유대감이 쌓인 과거 시공에서 떨어져 나오면서 그것을 되찾고자 하는 마음에서 생겨난다. 내 최초의 질병은 노스탤지어였다. 나는 그게 병인지도 모른 채 앓았는데, 복잡하고 미묘한 슬픔과 매혹을 지닌 그것은 질병과 정념 사이에 걸쳐 있었다. 깊이를 알 수 없는 슬픔, 얕은 잠, 무기력을 동반한 그것은 고향을 향한 애착과 그리움이 만드는 달콤 씁쓸하고 숭고한 감정이다. 대개는 낯선 현실로 밀려온 데서 밀려드는 슬픔과 멜랑콜리, 잃어버린 시간을 향한 낭만적 회고에 빠지는 사람들이 노스탤지어를 앓는 것이다.

장밋빛으로 채색된 과거의 영화를 향한 갈망은 삶이 곤궁하고 팍팍할수록 커진다. 그건 감미로운 형벌이다. 영국의 감정사학자는 노스탤지어를 "전서구傳書鳩의 귀소성"같이 우리 내면에 깃든 회귀 본능이라고 말한다. 그건 "한마디로 과거, 유년기, 잠, 무의식으로 돌아가고자 하는 '생물학적이고 주기적인 경향성'에 대한 굴복"이라는 것이다. 노스탤지어는 슬픔의 자매이자 고통의 사촌 형제다. 그것은 감정의 퇴행이 아니라 우리 내면에 새겨진 태고의 욕망에 가깝고, 현실의 괴로움으로부터 도피하려는 심리와 맞닿아 있다.

노스탤지어에 기대어 정서적 안녕과 평화를 구하는 건 노스탤지어의 순기능이다. 병든 노스탤지어, 즉 고립과 소외에 처한 마음에서 자라는 유령들도 있다. 이 유령은 착한 가면을 쓴 채 과거를 미화하고, 과거가 더 좋았다고 끊임없이 속삭인다. 이 유령의 속삭임은 위험하다. 이건 병든 감정이 빚은 헛것이자 선동하는 목소리다. 노스탤지어를 제 이익을 위해 악용하는 사람도 있다. 거짓말과 허풍을 일삼는 트럼프의 "미국을 더 위대하게"라는 선동 문구에 열광하는 무리, 그리고 과거 소련 시절의 배급 경제 체제를 그리워하는 러시아 인민들은 노스탤지어라는 유령에 기만당한 경우다.

현실 불만과 그 반동으로 과거를 화사하게 부풀린 채로 되살아나는 유행은 과거로 향한 동경이자 추억의 재활용이다. 과거의 노래, 춤, 복장, 음식 등이 우리의 공허한 마음을 파고들며 번성한다. 보리밥집이 문전성시를 이루고, 빈티지 패션을 선호하는 것, 옛 가수의 노래가 유행을 타고 돌아오는 현상은 곧 '노스탤지어 산업'의 부흥이다. 노스탤지어는 과거와 현재를 잇는다. 과거는 우리 현존의 뿌리-과거다. 삶은 과거에 잇댄 채 이어지고, 추억 기억은 무의식에 낙인으로 찍힌다. 누구도 과거에서 도망갈 수 없다. 실향인은 평생 추억 기억을 살찌우는 고향과 유년을 품은 채 살아간다. 오래전 어머니를 모시고 고향을 들렀다. 기억도 흐려진 데다 고향 마을이 너무 낯설게 바뀐 탓에 옛집을 찾지 못한 채 마을을 배회했다. 나중에 그 장소를 찾았는데, 집은 온데간데없고 그 자리엔 축사가 들어서 있었다. 옛 동무를 만나지 못해 낙망한 어머니에게 그날의 참담함과 씁쓸함은 상처로 남았다. 돌아오는 내내 우리는 입을 꾹 닫은 채 한 마디도 나누지 않았다.

노스탤지어에 침식된 감정은 들쭉날쭉 날뛴다. 우리는 노스탤지어를 품은 채 생의 긴 터널을 건넌다. 디지털 네트워크의 확산은 많은 것을 바꾼다. 노스탤지어는 대상과의 거리에서 발생한다. 먼 거리에 떨어져 있는 사람들이 화상통화를 하며 현재의 동시성을 누리게 되면서 노스탤지어의 위력도 사라진다. 여전히 타지를 떠돌지만 내 안의 고향이 불러일으키는 그리움이나 멜랑콜리는 말라붙은 듯하다. 변하지 않는 것은 우리가 노스탤지어라는 은하계에서 울고 웃으며 살다가 죽는다는 점이다. 내가 더 이상 노스탤지어에 휘둘리지 않는 것은 고향이 나를 버린 걸 깨닫고, 나도 고향을 버린 탓이다.

독서는
교양의 기초 토대다

지하철에서 스마트폰에 정신이 팔린 채 열중하는 광경을 볼 때마다 나는 착잡해진다. 종이책을 읽는 사람은 점점 더 찾아보기 힘들다. 우리 시대의 문화가 디지털 중심으로 이동하면서 변화의 국면에 접어들었음을 실감한다. 인류가 문해력 기반 문화에서 디지털 기반 문화로 대전환의 시기로 들어섰다는 조짐들이 동시다발적으로 나타난다. 소셜 미디어에서 가상현실 게임까지 자신의 시간 대부분을 디지털 기기를 쓰면서 '디지털 뇌'를 장착한 새로운 인류가 몰려온다.

    디지털 기기로 특화된 새로운 인류는 종이책 읽기에 빠진 사람들의 '고요한 내면'을 더 이상 갖지 못한다. 날마다 디지털 기기에 코를 박고 소셜 미디어에 접속하는 새로운 인류는 내면의 고요함이나 숙고하는 능력을 키울 기회도 다 잃는다. 디지털 기기를 통한 정보 자극에 주의가 흩어지면 제 신체를 제어하고 텍스트에 몰입할 인지적 인내심도 휘발된다. 주의력의 질이 낮아진 탓에 '종이책' 읽기를 통해 얻을 수 있는 비판, 성찰, 상상, 공감, 연역, 귀납, 분석의 기술과 능력도 점점 더 떨어진다.

읽기는 후천적 학습의 결과물이다. 애초 호모 사피엔스의 뇌에는 읽기 능력이 탑재되어 있지 않았다. 인류는 몇만 년을 문맹인으로 살았는데, 그건 원시인의 뇌에는 문자를 해독하는 능력이 없었기 때문이다. 문자 발생 이후 6천 년 동안 인류는 읽는 학습을 반복하면서 '읽는 뇌'를 갖게 되었다. 구텐베르크 활자가 나온 뒤, 인쇄와 제책의 기술 발달과 종이의 양산 같은 책의 인프라가 갖춰지자 인류는 비로소 읽기에 최적화된 뇌를 만들어 낸다. 오늘날 디지털 기기들이 쏟아내는 기가바이트의 정보 과잉으로 인해 우리 뇌는 인지적 과부하에 걸린 상태다. 뇌는 이 문제를 해결하려고 정보를 단순하게 압축한다. 그리고 최대한 빠르게 처리하고, 취할 것과 버릴 것을 선별한다. 읽기에서 멀어질 때 우리 뇌는 단순한 원시인의 뇌로 돌아간다. 다시 말해 읽기 회로들이 사라진 뇌는 협소한 지식에만 기대면서 나태한 휴면 상태에 빠진다. 이것이 디지털 시대에 우리 뇌에 일어날 수 있는 변화다.

강연을 할 때마다 종이책 읽기의 의미와 효과에 대해 말했다. 생업과 연결된 일이라 독서 강연은 자연스러운 일인지도 모른다. 읽기는 언제나 중요한 화두 중 하나였다. 읽기는 타인의 사유와 경험을 취함으로써 내 좁은 사유와 유한한 경험의 영역을 확장하는 일이다. 펼쳐진 책은 의미의 바다이고, 우리를 무궁무진한 가능성의 세계로 이끈다. 독서 행위는 미지의 가능성과 세계를 향해 나서는 지적인 모험이다. 우리는 그 모험을 통해 정신의 쇠락, 망각에 맞서며 새로운 인지적 지평을 키운다. 읽기는 전반적으로 정보 편집력 키우기, 타인과의 공감력과 소통력 키우기, 여러 상황에서의 시뮬레이션 능력 키우기, 본질을 통찰하고 복잡한 사고 능력을 확장하는 데 탁월한 성과를 드러낸다. 나는 읽기 경험을 통해 내적인 변화를 겪었다. 그 내적인 변화는 매우 의미심장한 것이었다. 나는 그 경험을 다른 이들과 공유하고 싶었다.

책을 읽을 때 뇌에서 일어나는 일들은 매우 흥미롭다. 책은 이 세계와 저 세계를 잇는 다리다. 읽기에 빠진 사람은 책을 매개로 현상 세계와 내 안의 세계를 연결한다. 책은 돛대가 달린 배다. 바람이 배를 밀고 저 먼 바다를 나가며 우리를 미지의 나라로 데려간다. 책을 읽을 때 우리는 문자를 보는 게 아니다. 눈은 문자 위에서 쉬지 않고 미친 듯이 '광학적 춤'을 추고, 뇌는 상상의 날갯짓을 멈추지 않는다. 읽기를 멈추는 순간 우리는 책에 코를 박고 시작한 '이상한 나라'로의 몽환적 여행을 끝내고 현실로 귀환한다.

책 읽는 뇌라는 낯선 개념을 창안한 인지신경학자 메리언 울프는 『다시, 책으로』를 펴냈다. 울프는 디지털 매체가 읽는 뇌에 어떤 영향을 미치는지, 그리고 깊이 읽기가 사라진 뒤 다음 세대의 운명이 어떻게 바뀔지에 대해 말한다. 인류는 구술 문화 시대에서 문자 문화 시대를 거쳐 학습과 훈련을 통해 '읽는 뇌'의 시대를 연다. 뇌는 읽기에 최적화된 형태로 회로를 바꾼다. 지속적인 읽기가 뇌의 인지적, 언어학적, 생리학적 변화를 가져오고, 결국 돌이킬 수 없는 수준으로 '읽는 뇌'를 빚어낸다. 울프는 "뉴런의 연결망이 음속 수준으로 빠르게 반응하고, 다시 같은 속도로 뇌 구조 전역에 걸쳐 연결이 일어난다"고 설명한다. 읽는 뇌는 읽기를 통해 인지적 공간으로 끊임없이 도약하는 뇌다. 그 도약의 절정이 통찰이다. 이것은 지식의 저장고인 뇌 내부에서 미지의 것이 홀연히 나타나는 현상이다. 읽는 뇌란 지식과 정보의 해석을 넘어서서 통찰과 창조라는 눈부신 도약을 이룬 뇌란 뜻이다.

    읽기는 외부의 지식과 정보를 내 뇌로 옮겨놓는 행위가 아니다. 그것은 훨씬 더 복잡한 프로세스를 거쳐 이루어지는 인지적, 지각적 차원의 변화를 만드는 활동이다. 지금 인류는 주변에서 일어나는 다양한 변화를 체감한다. 디지털 기기와 디지털 미디어에 노출되는 동안 우리 뇌는 지속적으로 영향을 받는다. 디지털 기기가 만든 낯선 기술적 환경 안에서 뇌는 "속도와 즉각성, 고강도의 자극, 멀티태스킹, 대량 정보의 선호"에 노출되며 그것에 적응한다. 디지털 자극을 갈망하는 젊은 인류의 뇌는 디지털 뇌로 탈바꿈한다. 디지털 기기의 사용이 일상화된 환경에서 젊은 인류는 집중력을 상실하고, 심심함이라 부르는 정신의 둔주 상태를 견디는 법을 잃는다. 멀티태스킹에 길들여진 디지털 뇌는 코르티솔과 아드레날린 같은 호르몬에 잠긴 채 초점을 잃고 외부 자극을 찾아 항시 두리번거리는 과잉 상태에 놓인다.

우리는 새로운 기술문명적 환경에 맞춰 디지털 뇌로 살 것인가, 아니면 느긋한 인지적 변화에 만족하는 읽는 뇌로 살 것인가 하는 선택의 기로에 섰다. 문제는 멀티태스킹이 쉬운 디지털 뇌로 갈아타는 순간 주의집중 과잉 상태에 빠진다는 점이다. 그러면 우리는 다시 읽는 뇌로 되돌아갈 수가 없다. 읽는 뇌가 사라지면 종이책도 종말을 맞는다. 종이책이 사라진 빈자리는 디지털 기기들이 만드는 가속의 에토스로 채워질 것이다. 최종적으로 종이책 읽기를 느긋하게 즐기며 관조의 기쁨을 누리던 인류가 사라질 것이다. 그다음에 올 미래가 궁금해진다. 과연 우리는 어떤 세계와 마주하게 될까?

그건 교양이 아니에요

어른들이 종종 "그 사람은 교양머리가 없어!"라는 말을 하던 게 떠오른다. 염치가 없고 무례한 행동을 힐난하는 말이다. 그건 행동거지가 막돼먹은 사람, 인품이 조악하고 몹쓸 사람이라는 낙인이다. 그런 이들과는 인연을 끊는 게 마땅하다는 선언이자 공동체의 일원으로 받아들이기에는 자격 미달의 인간이라는 암묵적 합의일 테다. 그러니까 '교양머리가 없다'는 말은 사람의 품성과 인격에 대한 매섭고 신랄한 질책이었던 셈이다. 언제부터인가 사람 됨됨이를 재는 척도로서의 교양이란 말을 더는 쓰지 않는다. 왜 이런 일이 벌어졌을까? 그건 교양이 현실에서 쓰임을 잃고 죽어버린 탓이다.

교양은 지식이 많은 사람의 전유물이 아니다. 교양은 학벌이나 이념, 직업이나 정치 성향과도 무관하다. 학식과 견문을 많이 쌓았다고 다 교양인이 되는 것도 아니다. 교양이란 원시 채집 시대가 아니라 현대인들이 창안해 낸 산물이다. 교양은 말과 태도의 우아함이고, 태도의 실행에서 드러나는 기품이자 기억과 지식의 축적이 만들어 낸 놀라운 혁신의 결과물이다. 아울러 질서와 내면 도덕의 발현이며 고차원의 사회생활의 기술이자 인간다움을 돋보이게 하는 덕목이다. 교양이 항상 현재 안에서 작동하는 우아함이란 점에서 그것은 정태靜態가 아니라 현재진행형으로 살아 움직이는 무엇이다.

열아홉 살 때 나를 덮친 건 지독한 불안과 주체할 수 없는 인식욕구였다. 나는 불안할수록 무언가를 계속 읽고, 가끔 강가에서 주운 돌멩이처럼 혼자 울었다. 나는 도스토옙스키 전집을 싸 들고 절에 들어가 완독하리라고 마음먹었지만 다른 한편으로 진화하기를 멈춘 인간이었다. 정규교육 궤도에서 이탈한 처지에서 감히 교양에의 동경과 욕망을 품었다. 시립도서관 구석 의자에 몸을 파묻고 콜린 윌슨의 『아웃사이더』를 읽었다. 『아웃사이더』는 엄청난 자극과 영감을 주었다. 스무 살 청년에게 넘치는 것은 햇빛과 자유, 불안과 절망이고, 모자란 것은 배움의 이력, 희망과 미래에의 확신이었다. 낫이나 쟁기를 쥐고 땀 흘린 적이 없는 날건달 같은 존재로 생을 소비해 버릴까 하는 의구심이 불안의 근원이었다. 나는 가장 비천한 직업을 가질 테고, 인생은 비루하기 짝이 없을 거라고 상상하면 곧 질식할 것만 같았다. 의기소침해진 청년이 숨을 만한 은신처는 책밖엔 없었다. 나는 책에 몰입해 있는 동안만 명석한 자의식을 유지할 수 있었다. 내 소망은 소박했는데, 그건 아무 근심도 없이 책을 쌓아놓고 꾸역꾸역 읽는 거였다.

딱 집어서 인식하지 못했지만, 내가 갈망한 것은 바로 교양이었다. 아아, 교양! 그렇다고 교양에 대한 깊은 이해가 있었던 것은 아니다. 교양은 좋은 어른이 보여주는 기품이자 품격이라는 정도에 내 인식은 머물러 있었다. 교양을 향한 동경은 헤르만 헤세의 소설에 심취하고 고전음악을 듣는 가운데 빚어진 무의식의 욕구였을 테다. 책을 읽으며 고전음악을 들으며 상상한 아름다운 세계와 비루한 현실 사이의 괴리를 온몸으로 절감했다. 눈뜨면 만나는 악다구니와 드잡이가 일상인 남루한 현실 너머에 내가 꿈꾸는 또 다른 세계가 있을 거라고 믿었다. 아름다운 세상에서 살고 싶다는 욕구와 교양 욕구는 하나다. 그 두 욕구가 내면에서 쑥쑥 커지면서 나를 삼켰다.

무교양의 현실태는 막돼먹음이다. 교양머리가 없다는 것은 인격의 막돼먹음이다. 무교양인은 사람 됨됨이가 보잘것없고, 행실은 간사하고 교활하다. 그들이 보여주는 무례한 태도와 경우 없는 행동은 교양을 습득할 기회를 갖지 못한 채 본데없이 자랐기 때문이다. 많은 사람들이 제 잇속에 보탬이 된다면 정의나 공정 따위는 무시하고, 약자나 소수자들을 경멸하고 차별하며 겁박하기 일쑤다. 비겁하고 비열하며 비루한 사람들, 자기 성찰에 게으른 사람들은 검증되지 않은 신념을 따르고, 자기만의 망상적 세계관에 유폐된 채 갖가지 음모론에 빠져 살 가능성이 높다. 그들은 전혀 믿을 수 없는 부류다. 이들이 큰소리를 치고 위세를 떨치는 사회는 무교양 사회다. 미개하고 탈법과 무법이 판을 치는 후진 사회, 혼돈과 무질서가 지배하는 사회, 도덕과 상식이 퇴행하는 사회가 무교양 사회다.

교양은 갑자기 급조될 수 있는 게 아니다. 그것은 배우고 익힌 올바름을 실행하는 가운데 몸에 자연스럽게 밸 충분한 시간이 필요하다. 사실을 말하자면 교양인은 공정과 상식이 통하는 사회, 예의와 교양을 실행하는 사람들이 사는 사회에서 나온다. 교양이란 우리가 알아야 할 모든 지식이고, 배우고 몸에 익힌 태도이자 도덕적 일탈을 막는 내면 기율이고, 행동을 통제하는 권력이다. 그것은 처세의 기술이나 도덕적 의무가 아니라 언어 능력이고 다양성을 포용하는 수단이다. 교양이 양심에 잇댄 의식, 도덕과 품성, 타인을 포용하는 능력, 기분 좋은 매너를 아우를 때 비록 그것이 현실에서 써먹을 데가 마땅치는 않더라도 우리 사회를 더 좋은 방향으로 이끌어나갈 동력이라고 할 수 있을 테다.

우리가 알아야 할 모든 지식으로서의 교양은 무례하지 않고, 사회 규범을 존중하며, 성실한 이들의 가치관을 존중하는 태도에서 발현한다. 교양은 한쪽 이념에 치우치거나 확증 편향에 빠지지 않으며 폭력으로 무언가를 도모하지 않는다. 교양인이라면 사회의 혼돈과 무질서에 부화뇌동하지 않으며, 타인의 생명과 재산을 파괴하는 불법 사태를 용납하거나 동조하지 않을 것이기 때문이다. 미숙한 인격을 가진 사람들이 큰소리치며 활개를 치는 사회는 좋은 사회가 아니다. 무법과 혼돈이 뒤섞인 사회, 탈법적 폭력으로 무언가를 도모하는 사회가 교양 사회일 수는 없다.

우리가 꿈꾸는 교양 사회는 예의 바른 태도, 겸손, 타자에 대한 관용, 갈등을 풀어가는 방식의 의젓함을 갖춘 이들이 협업하며 만드는 것이다. 교양이 문화, 웰빙, 덕성을 집약한 것이라면 그것은 삶을 경이로 바꾸는 기품이고 기쁨일 테다. 아울러 궁극적인 의미에서, 그리고 가장 좋은 것으로서의 삶 그 자체다. 교양을 가진 어른들이 있던 시절이 그립다. 어른들은 점잖고 웃음과 유머가 있고 태도에는 기품이 있었다. 존경을 받을 만한 어른들 앞에 서면 절로 고개가 숙여졌던 것이다. 내 주변에 교양 있는 의사, 교사, 기자, 변호사, 작가, 공무원들이 더 많아졌으면 좋겠다. 우리 사회 구성원들이 품격 있는 말과 행동으로 움직이며, 더 나아가 우리 사회가 이성과 상식이 통하는 교양 사회로 나아가기를 기대하고 갈망한다.

교양의 쓸모

서울 지하철에서 구걸하는 사내를 만났다. 남루한 매무새로 손을 내미는 나이 쉰쯤 되는 사내가 요구한 것은 5천 원이다. 내가 1만 원권 지폐를 건넸을 때 그는 내게 거스름돈 5천 원권 지폐를 주었다. 그는 적은 돈은 거절하고 큰돈에는 거스름돈을 내주고 딱 5천 원만 챙겼다. 그가 어떤 기준으로 구걸 액수를 5천 원으로 정했는지는 알 수 없었다. 자주 타는 지하철 노선에서 그를 여러 번 만났는데, 그의 태도에서 비굴이나 무례함을 발견한 적은 없었다. 승객이 거절하면 조용히 물러나는 사내를 보았을 때 내 뇌리를 스친 것은 엉뚱하게도 교양이라는 단어였다.

교양은 옛사람이 말하는 '도道'와 같은 게 아닐까?『장자』외편에 큰 도둑 이야기가 나온다. 도척의 무리가 도척에게 "도둑에게도 도가 있습니까?" 하고 묻는다. 도척은 대답하기를 "어디엔들 도가 없겠는가? 방 안에 감추어진 걸 잘 알아내는 것은 성聖의 경지요, 먼저 앞장서 들어가는 것은 용勇의 경지요, 가장 뒤에 나오는 것은 의義의 경지요, 도둑질이 성공할지 못 할지를 아는 것은 지知의 경지요, 고르게 나누는 것은 인仁의 경지라네, 이 다섯 가지를 갖추지 못하고서 큰 도둑이 되었던 자는 천하에 없었다네."라고 한다. 도둑에게 도가 있다는 말은 우습지만 기발하다는 느낌도 들었다. 도둑에게 도둑의 도가 있다면 걸인에게는 걸인의 도가 있을 테고, 내가 만난 지하철의 사내는 걸인의 도를 실천하는 자일 테다.

젊은 시절 여기가 아닌 저기로, 어디론가 무작정 망명하고 싶었다. 인생을 절망에 내주었던 그때 여기가 아닌 낯선 나라에서 비밀 몇 개를 키우며 호젓하게 살고 싶었지만 끝내 어디로도 떠나지를 못했다. 나는 암울한 동굴에서 꿈과 의지를 담금질하며 미래를 주조鑄造했을 뿐이다. 20대 중반 출판사에 입사하고 월급을 받아 생계를 꾸렸다. 그때 내가 생활인이 되었다는 실감이 들었다. 돌이켜 보면, 나를 만든 건 약간의 결벽증과 넘치는 자의식, 방황하던 시절의 책과 고전음악이었다.

교양Bildung이란 학습과 훈련을 통해 빚어지는 것인데, 이 개념이 처음 나온 데는 서양이다. 서양에서 만들어진 개념이 근대에 이르러 동아시아로 박래된 것이라고 추측한다. 독일의 교양소설Entwicklungsroman도 교양이라는 뿌리에서 나왔을 테다. 교양소설은 한 자아가 제가 처한 환경을 넘어서서 인격적 주체로 성장하고 자아실현에 이르는 길을 따라가는데, 요한 볼프강 괴테의 『빌헬름 마이스터의 수업시대』를 효시로 꼽는다. 교양인의 전형에 가까운 이들은 19세기 유럽에 출현한 댄디들이다. 이들은 기품을 지향하는 태도, 세속의 관습과 분리되는 고상함을 드러내려던 자들이다. 매너와 매력의 관점에서 세련되고 비상하며 아름답고 뛰어난 그룹에 든다. 댄디즘은 신분 제도와 귀족 사회가 느슨해지지만 민주주의는 아직 분명한 형태를 드러내지 않은 유럽의 과도기에 나타난다. 사회 변화의 과도기 산물로 출현한 이 계급은 "가장 고귀하고 파괴하기 힘든 재능들 위에, 일과 돈으로는 얻기 힘든 천부적 자질 위에 세워지는 만큼 무너뜨리기가 매우 어려울 것이다. 타락한 시기에 댄디즘은 영웅주의의 마지막 불꽃이다." 보들레르는 덴디들이 개성에의 욕구를 품고, "예법의 테두리 안에 존재" 한다고 말한다. 댄디는 새로운 시대의 취향으로 자신을 감싸고 나타난다. 유럽 문명이 기울고 석양빛 속에 한 무리가 제 그림자를 드리우며 서 있는데 이들이 유럽의 귀족 문화라는 유산을 받으며 출현한 댄디들이다. 댄디즘은 유럽 문명의 몰락에 휩쓸리면서 쇠락을 피하지 못한 채 저무는 해거름 속에서 서서

○　샤를 보들레르, 도윤정 옮김 『화장 예찬』(평사리, 2014), 48쪽.
○○　샤를 보들레르, 앞의 책, 81쪽.

히 자취를 감춘다.

한때 우리 사회에 교양 열풍이 불었다. 스무 해 전 디트리히 슈바니츠의 『사람이 알아야 할 모든 것: 교양』이 그 열풍의 진원지였다. 교양은 상호 이해를 드높이는 의사소통의 한 양식으로, 몸과 정신, 문화가 한 인격체로 혼융된 형식이며 타인이란 거울에 자기를 비춰 보는 형식이다. 교양은 학습이나 훈련으로 길러질 수 있다. 그것은 재산의 많고 적음이나 교육의 정도에 비례하지도 않는다. 무교양의 성분적 요소는 조잡함과 무질서다. 따라서 무교양인은 타인을 향해 거칢과 탐욕, 자기중심적 이기주의를 뻔뻔하게 드러낸다. 공중도덕 따위를 무시하는 사람들. 사회 공동체의 문제를 나 몰라라 하는 사람들. 제 잇속을 위해 타인을 수단화하는 사람들. 올곧은 도덕을 삶의 푯대로 삼지 않는 사람들. 교양은 무엇보다도 타자에 대한 공감과 감응 능력에서 나온다. 자기의 번성과 성공만을 앞세우는 욕망만 들끓는 무교양 사회는 상상조차 싫은 끔찍한 세상일 테다.

슈바니츠는 교양을 사람이 알아야 할 모든 것이라고 정의한다. 교양의 척도는 앎이지만 사실은 그것을 넘어서는 더 복잡한 그 무엇이다. 비문명이 경작되지 않은 야생의 땅

○ 이 책은 2001년 인성기의 번역으로 들녘출판사에서 나와 베스트셀러에 오르며 크게 주목을 받는다.

을 일컫는 한에서 무교양인은 비문명에 속한 존재라는 뜻이 아닐까? 상식이라는 반석이 아니라 제멋대로 울퉁불퉁한 땅 위에 서 있는 무교양인과 함께 사는 일은 끔찍하고 피곤하지 않을까? 교양은 천재의 덕목이 아니다. 많이 배운 자가 교양인이 아니라 배우고 익힌 바를 실천하는 자가 진짜 교양인일 테다. 보통 사람의 규범과 상식, 그 결에 따라 사는 게 교양이다. 매사 초상식을 드러내는 사람은 괴물이거나 천재, 둘 중 하나일 테다. 매사에 초상식이라니! 그건 앎이 성기거나 괴이한 망상의 결과일 테다.

제 교양 없음에 부끄러운 줄 모르는 이들이 만드는 사회는 메마른 무교양 사회다. 무교양 사회에서는 타자에 대한 의심과 세계에 대한 불신이 커진다. 생존만이 절박한 사회에서 교양에의 매혹이나 열망이 생길 가능성은 크지 않을 테다. 사실 교양의 쓸모는 애써 찾아도 찾기 어렵다. 교양은 작은 명예는 될지언정 가난한 살림을 꾸리는 일에는 보탬이 되지 않는다. 근대 이후 한국 사회에 불거진 문제들 중 상당수는 교양의 부재에서 비롯되었다. 한국 사회에 퍼진 이념 쏠림, 부의 양극화, 이기주의, 흉한 범죄도 한국 사회의 무교양이 빚은 병리 현상이다. 이런 문제들이 해결되지 않는 까닭은 생존 충동, 즉 살아남음이라는 명제가 교양에의 필요를 압도한 탓이다. 교양이라는 서사를 더 많이 생산하고 체화하는 과정을 거치며 교양인으로 거듭나지 못한다면 우리는 근대 이후로 나아가지 못할 테다. 그동안 우리는 무교양 사회를 암묵적으로 방관한 채 살아온 게 사실이다.

　　다시 말하건대 교양은 근대의 유물도 죽은 것도 아니다. 교양은 우리 생활에서 살아 움직이는 규범이자 좋은 삶을 만드는 품격이다. 누군가의 말과 식견, 태도에서 우리 기분이 나아졌다면 그 누군가를 교양인이라고 해도 좋으리라. 두루 배우는 걸 좋아하고, 제 앎과 지혜의 범주에서 삶을 꾸리는 교양인을 이웃으로 두고 더 자주 만나고 싶다.

교양의 소멸

중학교 시절 방과 후 그림을 그리거나 교내 도서관에서 머물며 잡다한 책을 읽었다. 그것은 밥벌이에 아무런 보탬이 되지 않는다는 어른들의 질책에 가까운 충고가 따랐다. 밥벌이에 부대끼던 어른들의 충고에 귀를 기울이지 않았다. 밥벌이를 생존의 불가결한 요소로 여기지 않았던 것은 철이 없었던 탓이다. 열아홉 살 때 갑자기 호모 이코노미쿠스 Homo economicus가 되어야 한다는 걸 각성했지만 결국 호모 이코노미쿠스는 되지 못한 채 겨우 시나 끼적이는 청년이 되었다. 시와 철학의 창문으로 현실을 내다보는 청년은 백수로 빈둥거리는 몽상가에 지나지 않았다.

생존경쟁이 살벌한 이 시대에 미적 감각, 윤리적 감수성, 상상력, 독서 경험 따위는 딱히 써먹을 데가 없었던 탓이다. 그것이 먼지보다 더 쓸모없다는 걸 깨달았지만 내가 사회에서 도태되거나 낙오자가 될 것이란 불안을 떨쳐낼 수는 없었다. 상징 자본을 어떻게 생존 자본으로 바꿀 수 있을

지도 알지 못했다. 20대 후반 출판사 창업을 하며 무모한 모험에 나섰다. 출판사를 꾸리며 꽤나 큰 자본 축적을 이뤄냈다. 여러 사정으로 그걸 내려놓고 출판업에서 벗어났다. 그 뒤로 서울 생활을 접고 시골에 살며 시를 쓰고 노자와 장자를 읽었다. 슬렁슬렁 살며 한량 노릇에 만족했다.

고전을 읽으며 앎의 지평을 확장하고, 예술을 향유하며 자기 수양을 쌓는 사람만이 교양인이 될 수 있다. 교양의 본질은 잉여다. 교양은 생존에 보탬이 되는 조건이 아니다. 교양이 인문학과 예술에 대한 이해, 시와 음악과 그림과 무용이 주는 아름다움을 향유하는 심미적 감수성, 균형 잡힌 이성과 생활의 태도에서 발현되는 품격이라면 무교양은 그와 반대되는 그 무엇이다. 우리는 생존의 절박함에 짓눌려 교양의 필요를 그다지 인식하지 못한 채 떠밀려 왔다. 숱한 외침과 전쟁을 겪으며 불가피하게 처해진 세계 최빈 국가에서 삶의 품격을 궁구하는 일은 망상이거나 현실감각이 모자란다는 증거일 수도 있다.

교양이 예의와 품위와 염치가 몸에 배어 나오는 우아한 태도라면 교양인은 편견이나 확증 편향을 갖지 않는 사람이다. 그들은 자유롭고 분방하되 절제된 사유를 할 줄 안다. 사람을 편안하고 기분 좋게 만드는 교양인과의 교유는 즐거운 일이다. 많은 이들이 교양이 학력과 정비례한다고 믿는다. 이것은 잘못된 예단이다. 배움의 이력이 길다고 항상 품격을 가진 교양인이 되는 건 아니다. 고학력자가 자기 전공 분야의 전문가는 될 수 있을지도 모르지만 기능적 지식이 우아한 교양으로 전환되는 역량은 아니라는 걸 알아야 한다.

이윤과 소유의 독재에서 자유로운 정신을 갖는 일은 힘들다. 아울러 앎에 대한 순수한 열망을 지속하는 것도 마찬가지다. 이 두 가지는 교양을 습득하는 데 불가결한 요소다. 교양의 현실태는 우아한 에티튜드attitude다. 그 바탕은 자유, 관용, 평화다. 교양은 누구나 갈망하는 가치에 속하지만 그 한계도 또렷하다. 교양은 사람을 사람으로 살게 하는 것 말고는 다른 쓸모는 없다. 돈과 이익은 생존에 보탬이 되는 쓸모를 만들지만 시적 영감이나 인문교육, 교양 따위는 깜싹 놀랄 만큼 직접적인 쓸모가 없다.

쓸모없는 예술을 현실에서 추방해야 할까? 분명 예술은 생존주의 틀 밖의 잉여일 테다. 살아가는 데 불가결한 필요에 해당하지 않는다는 뜻이다. 예술을 통해 얻은 심미적 이성이 생존 문제를 해결하지는 못한다. 그럼에도 예술이 필요가 없다는 주장에는 동의할 수가 없다. 돈과 이익은 평화로운 관계들과 행복, 세계를 파괴한다. 이익에 종속되지 않는 시적 영감이나 인문교육, 교양은 그렇지 않다. 교양은 쓸모없음을 쓸모로 하는 희귀한 사례일 테다. 인생의 가치를 쓸모의 잣대로만 측정할 수가 없듯이 교양은 쓸모의 논리로만 따질 수가 없다. 교양의 필요를 부정하는 것은 물속에 사는 물고기가 물을 부정하는 것만큼이나 어리석은 일이다.

한국인의 피에는 저 선조가 유산으로 물려준 선비 문화의 얼과 습이 스미고 섞여 있다. 사사로운 이익보다 명분을 중시하는 유교 문화의 유습인 교양주의가 내 무의식에 잠재되어 있음을 실감한다. 자연스럽게 교양과 점잖음을 좇는 내 무의식에 깜짝 놀란다. 선비 문화에서 '문화'란 용어는 의미 활용이 넓어서 그 의미를 어떻게 매김할까, 애매한 바가 있다. 문화인과 교양인은 한뜻이리라. 상식과 규범을 지키는 사람, 예의가 있고 학식과 예술에 조예가 있는 부류가 문화인이다. 문화라는 단어는 '경작하다'에서 파생했는데, 이는 자연을 인공으로 변형시킨 것, 들을 갈아엎어 경작지로 바꾸는 것, 자연의 날것을 익혀 조리하는 것을 뜻한다. 요리는 자연 재료를 다양한 조리 방식으로 원재료의 분자 구조를 바꿔 맛과 질감, 색깔과 향기, 시각적 외양을 진화시킨 결과물이다. 문화란 자연 그대로의 1차적인 것에 인간의 노력을 더해서 2차적인 것으로 변화시키는 행위를 포괄한다. 자연 재료를 사람이 먹기 좋게 바꾸는 요리도 문화의 범주에 들 것이다.

주자학이 바탕인 유교를 삶의 기율로 따르는 전통사회에서는 교양과 점잖음과 체면을 덕목으로 여겼다. 조선 선비들에게 책을 읽고 사유하는 행위는 유구한 전통이다. 선비들은 독서와 사유를 권유받고, 유교 규율을 행동의 기본 원리로 따르도록 훈육되었다. 선비들은 경망스러움을 삼가고 말과 행동을 가려 하라는 훈육을 받고, 삿된 이익에 연루되는 것을 경계하며, 관용하는 태도를 몸에 익힌다. 교양은 몸에 밴 겸손과 품위, 타인 존중, 말이나 행동에 대한 절제, 기품을 지닌 태도로 드러난다. 그러나 조선 말기의 유교는 생활의 실질을 담보하지 못한 채 형식 치레에 치우치고 만다. 유교 도덕이 생활의 기율과 유리되자 선비 집단의 도덕적 해이와 타락이 퍼져나간다. 선비 집단의 몰락은 교양이 사라진 데서 비롯되었다. 선비 집단이 궤멸하자 나라의 기강이 물러지면서 망국의 조짐들이 나타난다. 조선 말기 도덕과 기율의 해이는 곧바로 교양의 덕목인 점잖음과 체면을 가식과 위선으로 바꾼다. 외세에 문호를 개방한 이후 사회 격변을 겪으면서 선비 집단을 중심으로 형성되었던 교양 사회는 사라진다.

봉건 왕조의 몰락 이후 식민화와 전쟁, 농경 사회 해체, 산업화라는 사회 변동의 격랑 속에서 우리는 생존 욕구를 옥죄는 비상 사태를 견뎌낸다. 세계 최극빈 국가에서 굶주림과 생존 불안에 시달리며, 우리는 아등바등 먹고사는 것에 매달린다. 한국 사회가 압축 근대를 지향하는 동안 그 구성원들은 불가피하게 생존 기계로 변신해 처절한 경쟁에 내

몰린다. 생존이라는 명제 앞에서 교양을 좇는 것은 한낱 사치에 지나지 않는다. 절대 빈곤에서 벗어난 뒤 우리는 생존 경쟁에서 도태되지 않는 것을 으뜸 목표로 삼는다. 교양 욕구가 넘실대는 생존 욕구를 이길 수 없다. 우리는 생존주의라는 유령에 쫓기며 허둥지둥한 채로 살아간다.

우리 안에 견고해진 생존주의는 교양의 DNA를 궤멸시킨 결과물이다. 살아남는다는 것, 그보다 더 절박한 과제는 없었다. 우리는 교양이라는 상징 자본을 내팽개치고 천박한 신자유주의 체제의 품에 안긴다. "'살아남는 것'은 우리 사회의 지배적 도덕이자 미학이자 공유된 가치가 되어버렸다." 그리고 "생존은 정언명령이다." 생존을 넘어서는 가치는 없다는 점에서 이 말은 옳다.

오늘날 한국 사회의 역동은 생존주의가 밀어 올린 것이다. 그 역동이 집단적 욕망의 큰 흐름을 이루며 우리 의식을 지배 잠식한다. 우리가 생존주의에 매몰되자 문사철과 예술을 바탕으로 체화된 점잖음은 그 설 자리를 잃는다. "우리도 잘 살아보세"라는 노래가 방방곡곡 울려 퍼진다. 1960년대 경제개발 시대에 나오는 각종 생존 지평 저 너머에 신기루처럼 아른대는 부를 향한 주체의 욕망을 일깨운다. 목적이

○ 김홍중, 『서바이벌리스트 모더니티』(이음, 2024), 5쪽.
○○ 김홍중, 앞의 책, 209쪽.

반도덕적 수단을 정당화하는 일이 상습화된 한국 사회에서 생존주의 이슈들은 정치권력과 자본(재벌)의 결탁으로 등장한 개발 경제라는 깔때기 속으로 빨려 들어간다. 경제성장에 과몰입하는 사회가 공모해서 우리 안의 염치를 짓누르고 박멸한다. 염치 문화는 사라진다. 교양은 파산한다. 그 뒤로 각자도생의 시대가 부추긴 무례한 반교양의 시대가 밀려온다.

2

인생의 의미

내 스승은 시냇물, 촛불,
망각, 무지몽매함,
청동 문고리, 한옥의 처마,
벼랑, 바다, 감기, 무한 고독, 램프의 빛,
나무, 달… 등등이다.

웃는 사자가 온다

 나는 파주 교하에 살고, 당신은 저 먼 데서 산다. 파주의 겨울은 춥다. 북쪽 툰드라의 한랭한 기후 영향으로 대기가 냉각된 듯 차가워 이마에 닿는 찬 공기에 놀란다. 당신은 이 겨울을 잘 지내는가? 나는 첫눈 분분한 새벽의 고적함에 몸을 맡긴 채 지붕을 하얗게 덮어가는 풍경을 바라본다. 우리는 가슴을 시리게 하는 저 아름다운 풍경을 가질 수 없고, 다만 하염없음으로 저 차갑고 하얀 것을 잠시 손에 쥐어볼 수 있을 뿐이다.
 내가 깨어 있을 때 당신은 잠을 잔다. 당신이 일어나 양치질을 할 때 나는 중국술을 마시며 마두금을 연주하며 슬픔을 달래고 있을 테다. 우리는 오래 격조했다. 이렇게 살아서는 안 되는 것이다. 우리를 스치고 지난 시간들은 우리 안에 어떤 무늬를 남겼을까? 비누는 닳고 젖은 수건은 빨랫줄에서 말랐다. 치약은 줄고 상비약들은 어디론가 사라진다. 낡은 셔츠의 단추들 몇 개는 장롱 밑에서 찾았다. 집 안을 웃음판으로 만드는 마법을 부리던 딸애들은 어느덧 멀리 떠났다. 사과 반쪽은 부패하고, 오래 쓴 집기들은 모서리가 닳는다. 오, 우리 사이에 그 많은 날들과 정처 없는 밤들이 지나간다. 밤은 추위에 떠는 별들의 풍찬노숙을 도우려고 제품을 빌려주고, 기차는 대륙을 횡단한다. 눈이 펄펄 내리는 골목엔 가로등 불빛만 환하다. 내가 우체국으로 걸어가던 그 시각 당신은 갓난아이처럼 자고 있는가. 당신은 혼곤한 잠에 빠져 있을 때 내가 당신의 꿈길로 다녀간 것조차 차마 몰랐을 테다.

    세월은 저만치 앞서가서 우리를 기다린다. 우리는 사는 동안 힘들어도 애써 웃으려고 분투한다. 웃음이란 생의 환희를 보여주는 면류관이다. 웃음 없는 삶이란 차라리 죽은 삶이다. 당신은 가슴에서 기쁨이 샘물처럼 솟아나게 하라. 웃어라, 그러면 세상이 당신과 함께 웃으리라! 당신은 잘 웃는 사람, 웃음의 달인이 되어야 한다. 산다는 것은 자기에게 주어진 인생이란 책을 쓰는 것! 우리는 인생이란 책의 유일한 저자다. 우리는 하루하루를 살아내며 인생의 한 페이지를 적어간다. 뱀이 허물을 벗듯 슬픔 따위는 벗어던져라. 나태와 타성을 떨쳐내고 더 약동하라!

    낙타가 아니라 포효하는 사자로 살자. 철학자 니체는 "비둘기 떼와 함께 오는 웃는 사자"는 시련을 뛰어넘는 개척자, 강건한 존재의 표상이라고 말한다. 낙타란 주인의 명령에 순응하는 피동의 존재다. 낙타가 비루한 처지가 된 것은 스스로 하고자 하는 의지가 없었던 탓이다. 사자처럼 강인한 존재만이 자유에의 의지에 자신을 비끄러맨다. "나는 하고자 한다Ich will." 사자는 자유의지대로 사는 자, 자신의 법 말고는 규제할 수 없는 자다. 사자는 부당한 책임과 의무를 지우려는 사람에게 "아니요!"라고 거부 의사를 밝히는 자, 증오와 분노를 창조의 동력으로 쓰는 자다. 사자의 정신은 자발적 의지에서 빛난다. 나약한 존재들은 나쁜 짓조차 하지 못한다. 낙타는 나쁜 짓조차 용기가 없어서 포기하는 비겁한 자가 아닐까? 나약한 자의 웃음은 위선에 지나지 않는다. 낙타의 나약함은 병리적 불능의 결과다. 주체의 자유의지를 몰각한 채로 그저 타인의 동정과 연민에 자신을 의탁하는 것은 생명의 타락이다. 낙타는 왜 제 의지를 죽이고 타인의 명령에 굴종하는 타락한 존재가 되었을까. 당신은 주체의 의지로 충만한 사자로 살 준비가 되었는가?

자기가 무엇을 하는지도, 무엇을 할지도 모른 채 사는 것은 잘못 사는 것이다. 그건 자신을 제대로 성찰하지 못한 탓이다. 그런 사람은 자기다운 삶을 발명하지 못한다. 그런 사람은 기껏해야 낡은 도덕과 관습에 매인 채 노예처럼 피동으로 살아간다. 우리 안에는 어떤 내면의 힘과 용기가 깃들어 있을까? 니체는 말한다. "우리는 모두 우리 내면에 숨겨진 정원과 농장을 가지고 있다."라고. 니체는 우리 안에 숨은 정원과 농장을 투시한다. 우리 안의 정원과 농장이란 도약에 필요한 힘과 용기를 기르는 정신의 토대다. 우리 안에 정원과 농장이 있다는 것은 얼마나 큰 위안을 주는가! 거기에는 정신의 약동을 디딤대 삼아 세계를 바꿀 수 있는 힘과 의지가 숨어 있다. 그걸 모른 채 사는 것은 불행한 일이다.

섬진강이나 임진강은 제가 흐른다는 것조차 모른 채 흐르고, 흰 눈 덮인 지리산 노고단과 설악산 대청봉은 제가 높다는 것조차 모른 채 의연한 높이를 뽐낸다. 빛으로 가득 찬 누리 속에서 쩨쩨하게 살아가는 것은 부끄러운 일이다. 우리에겐 늠름하게 살아야 할 도덕적 의무가 있다. 모란과 작약의 때는 오지 않았다. 그 꽃을 보려면 우리는 기다림을 배워야만 한다. 하루가 신이 공평하게 나누어준 선물이라면 우리는 희망과 기쁨으로 설레며 하루를 시작해야 마땅하다. 새날을 맞고, 아침에는 아삭아삭 사과를 깨물어 먹자. 심호흡을 하고 아직 가보지 못한 곳을 바라보자. 안락보다는 심장이 뛰는 삶을 살자. 우리 안의 비굴함을 떨쳐내고 비둘기 떼와 함께 돌아오는 사자의 웃음을 배우자.

지는 해를 바라보며

붉은 핏속에 잠겨 있던 해가 어둠 속으로 하강한다. 해는 둥근 빵이거나 방금 따 내린 오렌지 열매 같다. 마지막 해가 지면 어제들은 밤의 장막 속으로 가라앉는다. 밤이 지나면 또 다른 해가 솟아 누리에 황금빛 햇살을 뿌릴 테다. 우리 생명의 불꽃은 하루하루 타오르다가 어느 날 흩어져 사라진다. 인생이란 우리에게 주어진 시간을 아낌없이 쓰는 것, 원자 하나하나를 연소시킨 뒤 먼지처럼 흩어지는 것이다.

북녘 땅이 가까운 임진강 변에 서서 찬바람에 옷깃을 여미며 지는 해를 전송하다가 극제비갈매기 무리를 떠올린다. 극제비갈매기는 무게가 125그램밖에 되지 않지만 조류 중 가장 먼 거리를 이동한다. 그린란드에서 봄여름을 나며 짝짓기를 하고 가을에는 월동지를 찾아 남극으로 이동한다. 극제비갈매기가 평생 이동하는 거리는 무려 240만 킬로미터에 이른다. 반면 벌새는 몸통이 가장 가볍고 작은 새에 속한다. 가장 작은 벌새는 머리에서 꽁지까지 길이가 5센티미터를 넘지 않는다. 벌새는 공중에 떠 있기 위해 날갯짓을 1초에 아흔 번이나 한다. 극제비갈매기나 벌새가 그렇듯이 생물들은 살아남기 위해 저마다 처한 환경 안에서 최선을 다한다.

사는 데 거창한 진리는 필요 없다. 작은 진실 몇 개로도 삶은 충만할 수 있다. 진리를 구하겠다고 진을 빼지는 말자. 목마름을 해결하는 데는 바다가 아니라 차가운 물 한 잔으로도 족하다. 자기 직분에 충실한 사람은 아름답다. 교사들은 성심을 다해 가르치고, 부모들은 자식에게 올바른 본을 보이며 생업에 열중하라. 노래하는 이는 무대에서 노래를 부르고, 축구 선수들은 근력을 키우고 공 다루는 기술을 연마하라. 대장장이는 모루 위에 달군 쇠를 올리고 힘껏 두드리고, 의사들은 병상에 누운 이들의 고통에 공감하며 더 친절하게 대하라.

산 아래 집 짓고 살던 시절, 한겨울이면 주린 산짐승들이 먹잇감을 찾아 인가까지 내려왔다. 새벽이면 너구리나 족제비가 내려왔다가 돌아가며 눈길에 찍어놓은 발자국을 볼 수 있었다. 길고양이들은 혹한에도 용케 제 몸의 온기를 지켜 살아남고, 알뿌리들도 얼어 죽지 않고 봄이면 새싹을 피워 올린다. 동물이건 식물이건 혹한과 굶주림을 이기고 살아남는 일은 놀라운 일이다. 시련이 닥치더라도 당신은 부디 살아 있어라! 살아남는 것이야말로 우리가 내세울 공훈이다.

어제의 슬픔이여, 안녕하신가. 나의 미래여, 안녕하신가. 미래는 오늘 안에 숨 쉰다. 어리숙한 자는 미래가 저 멀리서 오고 있다고 말하지만 미래는 이미 미지의 형태로 우리 안에 도착해 있는 것을! 어제는 청요릿집에서 면 요리를 시켜 먹고, 저녁에는 벗들과 덕담을 나누었다. 벗들이 돌아간 뒤 새해 첫 아침에 벗들에게 들려줄 만한 시를 찾아냈다.

> 내일부터는 행복한 사람이 되겠습니다
> 말에게 먹이를 주거나 장작을 패거나 세상을 돌아다니겠습니다
> 내일부터는 양식과 채소에 관심을 기울이겠습니다
> (……)
> 모든 강줄기 모든 산봉우리들에게 이름을 지어주고
> 낯선 이들의 축복을 빌겠습니다
> 당신의 앞날이 찬란하길 바라고
> 당신에게 사랑하는 사람이 있다면 부부가 되길 바라며
> 당신이 이 티끌세상에서 행복하길 바랍니다
> 나는 그저 따듯한 꽃 피는 봄날 바다를 마주하길 바랍니다
>
> — 하이즈, 「바다를 마주하고 따듯한 봄날에 꽃이 피네」

오늘 밤은 너무 외로워서 잠 못 드는 사람을 생각하자. 그들의 시린 손과 발을 생각하자. 그들은 바람 앞에 흔들리

는 꺼지기 직전의 등불 같다. 살다 보면 이런저런 불행과 고통에 직면한다. 절망의 밑바닥까지 내려갈 때도 있다. 그러니 죽거나 포기하지 말고 씩씩하게 버티고 살아내자. 우리가 곤경에 빠졌을 때 누군가가 건넨 따뜻한 위로와 응원의 말들은 얼마나 힘이 되었던가! 모든 강줄기 모든 산봉우리들에게 이름을 지어주고 낯선 이들의 축복을 빌어주자. 이름 없는 것들에게 이름을 지어줄 때 그것들은 비로소 의미의 존재로 거듭난다. 우리가 낯선 이들에게 빌어준 축복의 말들은 결국 우리에게 돌아온다.

　　인생에는 다 때가 있다. 헤어질 때가 있으면 만날 때가 있다. 비통한 울음을 쏟는 날이 있었다면 반드시 웃음을 터뜨릴 날도 돌아온다. 지금은 벅찬 가슴으로 새날을 맞을 때다. 지금 살아 있는 당신은 운 좋은 사람이다. 당신에게 아직 별의 순간이 당도하지 않았다고 낙담하지 말자. 가장 큰 바다는 아직 항해하지 않았고, 가장 멋진 춤은 아직 추지 못했다. 그렇다고 걱정하지는 말자. 우리에게 아직 시간은 있다. 당신과 내게 따뜻한 봄날 바다를 마주하고 웃을 시간은 있을 테다.

　　내일부터는 행복한 사람이 되겠습니다
　　말에게 먹이를 주거나 장작을 패거나 세상을 돌아다니겠습니다 어떻게 행복해질 수 있을까를 염려할 필요는 없다. 당신과 내가 꽃 피는 봄날 바다를 마주할 수만 있다면 더 바랄 게 없을 테다. 우리가 살아서 청명한 하늘을 올려다보며 기쁨을 느끼고, 살아 있음의 경이로움을 맛보는 것보다 더 좋은 일은 없다. 먼저 피와 살을 주신 어머니를 생각하고, 영혼을 주신 아버지께 감사하자. 어제 싸운 이들은 오늘 화해를 하고, 사랑하는 이들은 달려가 포옹을 하자. 이 순간 묵은해는 망각 속에 묻자. 무거운 짐은 내려놓고 서로의 얼굴을 마주 보고 우리의 앞날이 찬란하길 빌자.

벚꽃 필 때
죽음을 생각하라

모란과 작약 꽃망울이 둥글게 부풀고 땅속 구근은 싹 틔우려고 꿈틀거린다. 이 순간 나는 심장이 뛰는 존재로 살아 있다. 비 내리는 새벽, 으슬으슬 한기를 느낄 때 갈급한 것은 뜨거운 커피 한 잔이다. 당장 커피 한 잔을 마실 수 있다면, 아아, 얼마나 행복할까? 나는 한 겨를이라도 행복할 자격이 있는가? 젊은 시절부터 나는 행복보다는 불행에 더 친숙했다. 행복은 어딘가 낯설고 불행은 내게 있지도 않은 사촌 형제같이 익숙했다. 이 새벽, 나는 왜 이렇게 몹시도 누군가가 그리울까? 봄비가 부슬부슬 내리기 때문일까?

경남 남부 해안도시 통영에는 3월 중순 너머 벚꽃이 핀다. 벚꽃은 북상해서 열흘쯤 뒤엔 서울 여의도 윤중로 일대에 닿는다. 서울 사람은 통영이나 하동 사람보다 늦게 벚꽃의 화사함을 누리며 탄성을 지를 테다. 어쩌자고 벚꽃은 벚나무 검은 가지 속에 숨어 있다가 이토록 화사하게 만개하는가! 봄비가 지난 뒤 벚꽃은 금세 지고 만다. 일거에 무너지는 벚꽃의 낙화는 제국이 멸망하듯 슬프고 장엄하다. 벚꽃 사체가 낭자한 길을 걸으면 가슴에 슬픔이 차오른다. 벚꽃 지고 연초록 잎들이 돋아나면, 봄은 이미 파장이다.

몇 해나 연락이 없던 후배가 잿빛 승복을 입고 나타났다. 스님으로 변신한 후배 앞에서 나는 할 말을 잃었다. 가톨릭 신부가 되려고 신학대학에 들어갔다가 포기하고 번역 일을 하던 친구였다. 그는 늘 태어나고 죽는다는 문제를 진지하게 끌어안고 번민했다. 인생의 알 수 없음을 안고 헤매던 그가 출가를 한 것은 새삼 놀랄 일도 아니다. 몇 해 만에 만난 그는 수행을 하러 미얀마로 떠난다고 한다. 그와 헤어진 뒤 메멘토 모리Memento Mori라는 단어가 떠올랐다. 살아 있는 동안 죽음을 생각하라!

'프록시마 센타우리'는 태양계에서 가장 가까운 별이다. 우주 탐사선 보이저 2호가 한순간도 쉬지 않고 비행해 이 별에 도착하는 데는 약 수만 년이란 시간이 걸린다. 보이저 2호는 총알보다 수십 배 더 빠른 속도로 날아간다. 지구 행성에서는 날마다 몇만 명이 태어나고, 먼저 왔던 몇만 명은 죽어서 이 별을 떠난다. 2만 번의 봄이 왔다가 가는 동안 유기묘 수만 마리는 먹이를 찾아 사방을 헤매 다닐 테다.

당신은 내 이마를 차가운 손으로 짚을 것이다. 우리는 길흉화복을 겪는 가운데 평생 해로할 테다. 거센 비와 뇌우는 어린 자식들을 무서움으로 떨게 하지만 아름다운 봄날에 피는 모란과 작약이 우리에게 큰 위로가 될 것이다. 우리가 백일몽에 빠져 있을 때 내 후배는 미얀마의 오지를 걸으며 탁발 수행에 정진할 거고, 보이저 2호는 우주 저 너머를 가로질러 날아갈 테다.

눈썹이 짙은 아이들이 청년으로 자라고 어머니들은 늙어 백발로 변한다. 그 사이 얼음 위에 엎드려 잠든 사람도 있고, 파업을 위해 나선 노동자도 있고, 서로의 상처를 쓰다듬으며 사랑하는 연인들도 있을 테다. 괴로운 밤들이 가는 동안 누군가는 제 잇속을 챙기려고 친구를 배신하고 누군가는 불시에 찾아든 질병에 충격을 받아 혼이 나갈 것이다. 벚나무들은 벚꽃을 피우느라 바쁘다. 피었던 것은 지고, 태어난 것은 죽는다는 법칙은 영원히 변하지 않는다. 우리는 대지가 죽음을 어떻게 양육하는지를 지켜본다. 분명한 건 동식물들은 나고 죽기를 거듭하며 순환한다는 점이다.

어느 날 버스를 타고 가다가 죽음을 차갑게 자각한다. 버스 창밖에 시선을 주던 찰나 어떤 예감이 스치며 뒷덜미가 서늘해진다. 뭔가가 빠르게 지나간다. 이건 죽음이 아닌가? 죽음은 우리 존재 바깥에도 안에도 없다. 그것은 씨앗에서 새싹이 발아하듯 우리 안의 무에서 피어난다. 만물의 원자는 죽은 상태로 존재한다. 별, 우주 먼지, 암흑물질, 바닷가 모래, 바위들은 다 무생명이다. 죽음으로 충만한 이 삭막한 우주에서 살아 있는 게 기적이 아닐까? 죽음에는 출구도 샛길도 없다. 죽음은 지구 생물의 역사에서 상수이자 보편의 진리다. 죽음은 단 한 점의 의혹도 없는 단호한 진실이다. 당신과 나는 어쩌다가 모란과 작약이 꽃 피는 봄날을 만나는가? 오오, 벚꽃 필 때 죽음을 생각하라! 오라, 죽음이여, 네가 봄날에 찾아온다면 활짝 웃으며 너를 맞으마!

전직, 이직, 휴직

신자유주의 체제에서 모든 인간은 자신을 고용하고 더 많은 성과를 내라고 다그친다. 강제된 업무, 연장 근무, 회식 따위의 굴레를 벗지 못하는 신세로 전락한다. 임금 노동자는 직장에 예속된 사람, 제 시간을 고용주가 주는 임금과 맞교환한 사람이다. 제 시간을 제 마음대로 쓰지 못하는 사람인 한에서 우리는 노예다. 제 운명의 주도권을 잃었다는 뜻이다. 직업 선택에서 중요한 기준은 그 일이 기쁨과 보람을 느낄 만한 일인가 하는 것이다. 연봉이 높아도 업무가 자기와 맞지 않다면 일은 답답하고 지겨울 테다.

패트릭 브링리의 『나는 메트로폴리탄 미술관의 경비원입니다』를 읽었다. 기자에서 경비원으로 전직한 브링리에게 감정을 투사하며 완독했다. 제 결혼식이 열리기로 한 날, 예정에 없던 형의 장례식이 치러진다. 그것이 운명의 변곡점이 되었다. 《뉴요커》의 촉망받는 기자였던 그는 형을 잃은 충격에 내면의 질서가 무너진다. 그는 형의 장례를 치른 뒤 엉뚱하게도 메트로폴리탄 미술관 경비원으로 취직한다. 미술관 한 모퉁이에 종일 서 있을 뿐 굳이 머리를 쓸 일이 없는 그 직장에 매력을 느낀다. 속세 너머 믿기지 않을 만큼 고요한 피안 같은 메트로폴리탄 미술관의 경비직은 그에게 심리 치유의 기회이자 헝클어진 내면의 질서를 되찾는 계기가 되었다.

사람들은 여러 이유로 전직을 결심한다. 전직은 지금까지 유효했던 가치의 위계와 삶을 바꾸기 위한 선택일 테다. 개인도, 기업가도, 정치가도 변화와 혁신을 외친다. 변화와 혁신이 미래를 담보하는 투쟁이기 때문이다. 자기에게 충실하고, 자기다움을 지키며 살려면 자기다움이 아닌 것의 속박에서 벗어나야 한다. 그것은 낯선 길로 들어서기, 즉 낯선 모험이자 위험한 일에 뛰어드는 일이다. 변화의 최종 심급은 혁명이다. 시인 김수영은 혁명이 고독하고 피(자기희생)를 요구하는 일임을 꿰뚫어 본다. 혁명은 자기 생을 통째로 들이미는 일이므로 두려움과 현기증을 부른다. 혁명의 열망에도 그걸 실행하는 것은 쉽지 않다. 김수영은 「그 방을 생각하며」에서 "혁명은 안 되고 나는 방만 바꾸어 버렸다"고 자책한다.

혁명을 포기한 자에게 남는 것은 "녹슬은 펜과 뼈와 광기―실망의 가벼움을 재산으로 삼을 줄" 아는 마음의 공허다. 혁명에 실패한 자는 죽지도 못하고 살지도 못한 중간에

엉거주춤 머무른다. 전직이 쉽지 않은 것은 그게 소규모의 자기 혁명이고, 혁명인 한에서 피와 두려움을 동반한 투신인 까닭이다. 그것은 환상과 공포를 거느린 손에 비유할 수 있다. 손바닥 안쪽엔 환상을 쥐고 바깥쪽으로는 공포를 흘려보낸다.

뉴욕 한복판 엠파이어 스테이트 빌딩이 보이는 사무실에서 기자 커리어를 쌓던 브링리가 예고 없는 형의 죽음 앞에서 무너져 공허와 무기력에 빠졌을 때 절실한 것은 변화였다. 늘 시간에 쫓기며 몸을 갈아 넣는 기자직에서 벗어나 얻은 것은 고요 한 줌과 마음의 평화일 테다. 그는 날마다 미술관의 고요 속에서 마치 선정禪靜에 들듯이 존재의 내밀함과 평화에 깊이 빠져든다. 그는 세속에 머무르면서 동시에 초월을 경험한다. 브링리는 메트로폴리탄 미술관에서 경비원으로 10년을 근무한 뒤 다시 여행 가이드로 전직을 한다. 그리고 상실과 치유에 대한 서사를 축으로 삶과 죽음에 대한 성찰을 끌어낸 자전적 에세이를 써서 출판한다.

나 역시 살면서 여러 이유로 전직, 이직, 휴직을 겪었다. 가난한 집의 장남으로 사는 게 마치 갑옷을 두른 듯 답답했다. 사는 게 막막하고 고달프면 자꾸 어디론가 숨고 싶었다. 그곳이 사막이건 사람이 살지 않는 무인도건 상관없다고 속삭였다. 그 도피 욕구는 자주 목구멍까지 차올랐다. 이민도 좋고, 유학도 좋았겠지만 내 처지에서 불가능한 일이었다. 내 젊은 날은 그 도피의 욕망으로 얼룩져 있다. 내가 찾은 가장 먼 여행지, 아무도 나를 찾을 수 없는 은신처는 문학이었다. 문학이라는 은신처에서 나는 비로소 평화와 안식을 누릴 수 있었다.

세상에 나가면
일곱 번을 태어나라

한반도에서 가장 먼저 첫 해를 볼 수 있는 곳은 동해안의 간절곶이다. 페루 마추픽추에도, 바오바브나무가 자라는 마다가스카르섬에도, 중국 변방의 위그르족 마을에도 시차를 두고 첫 해가 떠오른다. 별들은 제 궤도를 돌고 밤과 낮, 계절은 규칙적으로 순환한다. 우주의 질서에 한 치의 오차도 없는 덕분에 새해는 포장을 뜯지 않은 선물처럼 도착한다. 응달에는 묵은해의 눈이 쌓인다. 지혜로운 이들은 아이를 반듯하게 양육하고, 보람된 일로 충만감을 얻으며, 제 사업을 부흥시킨다. 누군가는 학문과 예술 분야에서 큰 성과를 낸다. 그러나 진영 논리에 매몰되어 소모적 싸움을 일삼는 정치가들은 나라를 총체적 난국에 빠뜨린다. 우리는 조금 더 불행해지고 낙관의 근거들은 사라졌다.

어느 해보다 폭우가 잦고, 흉기를 휘둘러 애꿎은 목숨을 빼앗는 묻지 마 범죄자들이 날뛰었다. 하늘 높은 줄 모르고 뛰어오르는 물가는 가정 경제를 옥죄고, 소상공인들은 연쇄 폐업을 했다. 출판업 불황이 파피루스 이후 최악이라는 비명이 쏟아졌다. 아기들이 덜 태어나고 인구 소멸의 속도는 빨라졌다. 저출산이 국가의 존립을 위협하는 요인이 될 거라는 경고도 나온다.

내 삶은 대체로 조촐하고 평범했다. 신문에 기고할 산문 몇 쪽을 쓰고, 새 모이만큼 적은 식량을 축내며 소규모로 사는 것에 자족했다. 나는 탐조일지를 쓰지 않고, 새들이 어디에서 점심을 먹을까를 걱정하지도 않는다. 가슴 뛰는 사랑을 꿈꾸지 않고, 유니세프 모금에도 참여하지 않았다. 유산을 남기고 죽은 조부모가 안 계시지만 나는 여전히 사과 한 알을 먹고 산책에 나서며 책을 부지런히 읽는 것에는 보람을 느낀다. 예산, 영주, 청송에서 올라온 사과들을 먹었으며 그 풍미를 믿긱한다. 강변에 나가 강물을 바라보디기 돌아오는 일도 잦았다. 큰 과오로 사회에 물의를 빚지 않았으니, 정말 다행한 일이다.

우리보다 더 가난하고 더 하염없는 사람을 생각한다. 그는 비누공장 노동자와 세탁부 사이에서 태어나 일곱 살에 돼지치기 일을 시작하고, 아홉 살에 자살 기도를 한다. 식량 배급소에서 밤새 줄을 서고 역에서 나무와 석탄을 훔쳐서 난방용 땔감으로 썼다. 그는 온갖 궂은일을 했는데, 신문팔이, 행상, 청소부, 공사장 인부, 시인, 번역가 등 서른두 가지의 일을 거쳤다. 출판한 시집은 선동 혐의로 압수당하고, 반

역죄, 간첩죄 등으로 강제 노역 형을 선고받고, 서른두 살에 화물열차에 뛰어들어 자살한다. 헝가리 국민 시인으로 칭송받는 아틸라 요제프의 이력이다.

내 서가에는 요제프의 시집 몇 권이 꽂혀 있다. 내가 좋아하는 시는 「일곱 번째 사람」이다. 세상에 나가면 일곱 번 태어나라라고 노래하는 시다. 불난 집과 눈보라 치는 빙원과 광란의 정신병원과 바람이 휘몰아치는 밀밭과 종이 울리는 수도원과 비명을 지르는 돼지우리에서 태어나라고 한다. 여섯 개의 방식으로 태어나 울음을 터뜨렸어도 그것만으로는 부족하다. 우리는 또 다른 한 아이, 일곱 번째 방식으로 태어나야 한다.

한 번 태어나는 것도 고달픈 일인데, 일곱 번이나 태어나라니! 깊은 탄식이 나올 수도 있겠다. 지금 나는 몇 번째 생을 지나고 있을까? 누군가는 첫 번째 삶을, 누군가는 두 번째 삶을, 누군가는 세 번째 삶을 살고 있을 테다. 나는 일곱 번째는커녕 다섯 번째 삶에도 도착하지 못한 게 틀림없다.

오늘은 반복할 수 없는 단 한 번의 생이 펼쳐지는 무대다. 우리는 무대 위에서 배역에 충실한 연기를 펼쳐야 한다. 더 많이 꿈꾸고 더 많이 실행하자. 지난 한 해 고단한 삶을 살아내느라 고생했다. 늘 분주했던 스스로에게 수고했다고 어깨를 가만히 다독여주고 싶다. 이제 무력감과 분노 따위는 떨쳐내고 일곱 번째의 삶을 살자. 책을 읽고, 음악을 듣고, 산책을 하자. 우리가 도착한 지금 여기에서 생을 탐구하는 사람으로 거듭나자. 생명을 아낌없이 쓰고 원자 하나까지 완전 연소시키자. 우리가 무로 돌아갈 때 소유했던 모든 것도 사라진다. 지금 살아 있는 것보다 더 가치 있는 건 없다. 나날의 삶을 탐닉하자! 삶을 숙고하고, 자기 일에 자부심을 갖자. 봄날의 모란꽃과 가을 하늘의 푸름에 스민 아름다움을 만끽하자.

쇼펜하우어 열풍

물집이 터진 발로 수십 킬로미터를 걸어야 하는 것보다 더 힘든 게 사는 일이다. 그런 삶을 무작정 긍정하는 건 더 어렵다. 그보다는 삶을 대놓고 미워하고 미래를 비관하는 게 더 쉬울지도 모른다. 염세주의 철학이 나온 것도 그 때문일 거라고 예단한다. 염세주의 철학자인 쇼펜하우어의 책들이 불티나게 팔려나간다 한다. 도대체 갑자기 이게 무슨 일인가? 쇼펜하우어의 책들이 서점 매대에 깔린 채 팔려나간다는데, 풍문에 따르면 구매자들은 20대에 쏠려 있다고 한다. 정작 쇼펜하우어 철학의 정수를 담은 『의지와 표상으로서의 세계』는 꿈쩍도 하지 않는 것은 조금 이상하기는 하다. 팔리는 것은 쇼펜하우어의 철학을 실용서처럼 쉽게 풀어 쓴 책이다. 근대 유럽의 염세주의 철학이 21세기 한국에서 갑자기 열풍을 일으킨 걸 어떻게 받아들여야 할까? 철학이 쓸모가 없다는 이유로 내팽개쳐진 현실에서 쇼펜하우어 열풍이라니! 이 열풍이 곧 사그라들 거품에 지나지 않을 거라고 생각하니 쓸쓸하다.

　많은 이들이 고통의 손아귀에 쥐여진 채 현실에 낙담한 채로 살아간다. 불행의 손아귀에서 옴짝달싹하지 못하는 사람들이 구하는 것은 참된 행복이고, 한 줌의 안락과 자유일 테다. 쇼펜하우어는 삶에의 의지를 부정하라고 외친다. 그 부정으로 "모든 이성보다 높은 평화, 깊은 평정, 흔들림 없는 확신과 명랑함"에 가닿을 거라고 한다. 태어남 자체가 재앙이 되는 난감함 속에서 쇼펜하우어에게 공감하며 위안을 얻는 젊은이들을 나무랄 수는 없다.

　스무 살 무렵 누군가가 쇼펜하우어를 읽으라고 권했다. 책깨나 읽는 청년들 사이에서 '데칸쇼'가 대유행하던 시절이다. 왜 쇼펜하우어가 그토록 읽혔는지는 알 수가 없다. '데칸쇼'는 철학자 데카르트, 칸트, 쇼펜하우어의 앞 글자에서 따온 신조어다. 그걸 읽지 않고는 대화에 끼는 것조차 힘들었다. 내겐 데카르트도, 칸트도, 쇼펜하우어도 다 어려웠다.

　쇼펜하우어는 서른한 살 때인 1819년에 『의지와 표상으로서의 세계』를 출판하지만 이 책은 누구의 관심도 끌지 못한 채 모두에게 잊히는 비운을 피하지 못한다. 초판이 나온 지 16년 뒤 출판업자는 이 책의 재고를 폐지업자에게 넘겨버린다. 칸트와 석가를 존경하던 쇼펜하우어는 아내도 자식도 친구도 직장도 조국도 없이 삽살개 한 마리와 쓸쓸하게 살았다. 그는 일흔두 살에 생을 마친다. 세월이 흐른 뒤 이 책은 스물한 살 청년 대학생에게 발견되었다. 이 대학생은 제가 세 들어 살던 건물의 건물주가 꾸리던 1층의 '론'이라는 헌책방에서 『의지와 표상으로서의 세계』를 우연히 손에 넣는다. 이 책을 읽은 뒤 인간 본질이 사유나 이성이 아니라 의지에 있다고 주장하는 염세주의 철학에 감동을 받아 철학의 길로 들어서는데, 이 청년이 바로 라이프치히 대학에 다니던 프리드리히 니체다. 니체는 거부, 부정, 체념의 언어로 가득 찬 쇼펜하우어의 책에서 세계, 삶, 고유한 정서를 비출 수 있는 "거울"을 만났다고 고백했다. 니체가 찾은 그 거울을 오늘의 한국 독자들도 찾은 것일까?

쇼펜하우어의 염세주의 철학을 떠받치는 토대는 현실 부정하기, 온갖 고통 속에서 삶에의 의지를 포기하고 빨리 죽기를 바라기, 태어남 자체를 불편함으로 여기는 태도 따위다. 사는 게 팍팍하고 힘들면 현실을 비관해서 염세주의에 빠질 수도 있을 테다. 구약성서에 나오는 욥이라는 인물이 그런 사례다. 욥이 여호와의 시험으로 시련을 겪을 때 그의 입에서 나오는 고통에 찬 부르짖음을 들어보라. "어찌하여 나를 모태에서 나오게 하셨습니까? 차라리 그 누구의 눈에도 뜨이지 않고 숨져 태어나지도 않았던 듯이 모태에서 무덤으로 바로 갔으면 좋았을 것을."(「욥기」, 10장 18~19절) 욥은 태어남 자체를 문제 삼는다. 삶이 고난 그 자체이기에 태어나자마자 죽지 못했음을 한탄한다. 한순간조차도 살아 있는 게 싫어! 태어남 자체를 부정하는 욥이야말로 염세주의 철학의 창시자라고 할 수 있다.

한때 젊은이들 사이에서 '헬조선'이란 조어가 유행했다. 지옥을 의미하는 '헬hell'과 우리나라를 의미하는 '조선'을 조합해 만든 조어다. 이 조어가 유행한 이면에는 안간힘을 다해도 살기 힘든 현실에 대한 절망과 혐오가 도사리고 있다. 인생이란 걱정거리란 짐을 가득 지고 산비탈을 오르는 일이다. 산비탈을 오르려는 의지가 필요하다. 따라서 살기 위해서는 우리 내면에서 삶에의 의지를 끊임없이 만들어야 한다. 그 의지는 어디에서 나오는가? 쇼펜하우어에 따르면 결핍이나 부족, 고통이 삶에의 의지가 솟구치는 바탕이고 원동력이다.

'헬조선'은 우리 내부의 고통과 절망을 응집한 용어다. 헬조선의 뒷배는 신자유주의 체제, 정치와 경제의 양극화, 인구 소멸, 무한 경쟁, 고물가, 거덜 난 서민 경제, 취업 절벽, 평범한 악의 범람 등이다. 헬조선에 불시착한 청년들은 탈지옥을 위해 제 목숨마저 거는 보트피플이다. 우리 사회는 오랫동안 군사문화의 적폐와 그 선전선동의 구호들에 세뇌되었다. "하면 된다"거나 "안 되면 되게 하라"는 군사문화의 부산물인 이런 구호들은 선과 악, 불의와 정의의 분별과 절차의 정당성 따위를 무시하라는 잘못된 신호를 보낸다.

과연 우리는 태어남의 불운과 재난 자체인 끔찍한 현실에서 탈출 중일까? 쇼펜하우어 철학의 유행은 어쩐지 불편하다. 옳고 그름의 분별을 없애고 성과주의를 떠받드는 파렴치한 행태가 번진 대한민국에서 염세주의 철학의 유행은 아이러니이자 블랙 유머다. 염세주의 철학이 현실 부정과 혐오를 무분별하게 부추기는 게 현실 위기의 한 징후는 아닐까? 지금 우리에게 필요한 것은 쇼펜하우어가 아니다. 아무리 따져봐도 염세주의 철학에 휩쓸릴 이유는 거의 없다. 이보다 더 절실한 것은 절망을 딛고 절망을 넘어서는 의지와 현실을 넘어서는 강한 동기와 희망의 동력일 테다.

해남엔 못 간다

군청이 있는 시내 말고 외곽 어디쯤에 대숲을 거느린 누옥 한 채를 마련해 살고 싶었다. 앞마당에는 금목서와 동백나무 몇 주를 구해다 심고, 수탉과 암탉 몇 마리도 마당에 풀어놓고 키우는 것도 좋겠다. 빨간 볏을 세운 수탉이 목을 꼿꼿하게 세우고 금빛 울음을 우는 소리를 들으며 살 수만 있다면! 눈썹이 검은 처녀와 가난한 살림을 꾸리며 단편소설 두엇이나 내놓은 무명작가로 살아도 좋았으련만!

한 뼘 밭뙈기에는 감자와 토란을 심고 자투리땅엔 복숭아나무를 몇 주 심었을 테다. 청명한 날에는 앞니가 빠진 일곱 살 미운 딸내미 손을 잡고 바다에 나가 한나절 낚시를 해서 숭어 몇 마리를 잡아 데려오리라. 책 따위와는 등지고 살아도 후회하지 않을 자신이 있다. 헤르만 헤세의 「수레바퀴 아래서」나 가와바타 야스나리의 『설국』을 여러 번 읽는 것으로 충분하다. 바흐와 베토벤과 모차르트와 차이콥스키의 음악을 들을 수 있다면 좋겠다. 가끔 빌리 조엘이나 노라

존스를 듣고, 최백호나 조덕배의 노래를 들어도 좋겠다. 홍옥처럼 볼이 빨간 아이들 두셋 키우고 아들놈이 자라면 공중목욕탕에 가서 내 등을 밀게 하리라. 아들놈과 분식집에 들러 이마를 맞대고 잔치국수 한 그릇을 먹으리라. 내 쓸쓸한 생애에서 그건 이룰 수 없는 꿈이었다. 그런 시절은 오지 않았다. 그런 한가로운 꿈은 다음 생에서나 이루도록 노력해 보겠다.

해남을 가보지 못한 애인과 해남으로 여행을 떠났다. 집 열쇠를 던져두고 떠났으나 해남은 멀다. 꿈결에서도 아득히 멀다. 해남의 땅과 바람, 붉은 노을, 무화과 열매, 솔방울은 다 멀다. 지리적 거리가 먼 게 아니라 굳이 따지자면 마음의 거리가 먼 것이다. 마음의 거리만큼 그리움은 깊어진다. 해남 땅을 처음 밟은 건 1980년 무렵이다. 그 뒤로 느른해질 때면 해남을 찾았다. 그곳은 나만의 은신처, 침묵의 수도원, 비밀스러운 숙소다. 반겨주는 이 없어도 해남 대흥사에 가면 마음은 언제나 평화로웠다. 가람 한가운데 흐르는 물소리에 귀 기울이다가 돌아오기도 했다.

봄에는 미황사를 들러 동백꽃 핀 걸 보고 왔다. 동백꽃은 질 때 장엄하다. 동백나무 숲길을 따라 참수당한 모가지처럼 나뒹구는 동백꽃들이 발에 차였다. 한 스님이 방랑자를 불러들여 차 한잔을 하자고 청했다. 스님을 따라 선방에서 차 두어 모금을 마시고 돌아오기도 했다.

한반도 내륙의 끝 간 데에 있는 해남은 '땅끝'이다. 두륜산은 소백산맥 끝자락에서 우뚝 솟아 남해를 굽어본다. 산세는 순하지도 사납지도 않다. 능선을 따라 가련봉, 두륜봉, 고계봉, 노승봉, 도솔봉, 혈망봉, 향로봉, 연화봉 등 여덟 개의 봉우리가 연달아 솟아 있다. 두륜산 품에 안긴 대흥사는 오래된 가람이다. 어느 해 여름 대흥사를 찾았는데, 절의 인상이 강렬했다. 그 강렬함은 「그리운 나라」라는 시에 녹아 있다. 두 번째 시는 스무 해쯤 지나서 나왔다. 세속의 일은 종잡을 수가 없었다. 두어 번 배신을 겪으며, 내 삶은 꺾였다.

> 배신자들은 상대가 나약할 때
> 본색을 드러낸다
> 배신자는 본색을 드러내기 전에
> 미리 베어야 후환이 없다.
> 매봉역에서 도곡역까지 그 길고 긴 사막을
> 낙타 한 마리가 걸어간다.
> 과육이 두툼한 자두 하나를
> 다 씹어 먹는다. 자두는 껍질이 붉고
> 속살도 붉다.
> 해남은 여기서 참 멀다.
> 대개 심한 낭비벽을 가진 아들 뒤에
> 인색한 아버지가 있다.

떠도는 것들은 비애의 피를 갖고 있다.
바람은 물비린내를 실어 나르고
풍문을 기른다. 너는 풍문에 약해!
풍문에 약하다는 건
정신이 취약하다는 증거!
몸에서 정신이 나는 것이니
새벽마다 냉수마찰이라도 하자.
낙엽송들이 잎을 떨군다.
기후가 악화되니 사람들이 날로 포악해진다.
해남 길로 떠날 날을 가만히 꼽아 본다.

―졸시, 「해남길은 멀다」, 『절벽』, 세계사, 2007

『동국여지승람』에는 대흥사 앞마당에 신암·사은·성유 등 세 승려의 부도가 있었다는 기록이 있다. 대흥사는 고려 이전에 창건된 고찰이다. 『대둔사지』에 의하면 426년 신라의 정관존자가 사찰을 창건하여 만일암이라고 했다. 508년 한 선행 비구가 중건하고, 514년 신라 법흥왕 시절 아도가 창건했다는 기록도 있다. 금당천을 중심으로 이 가람은 남북으로 갈려 각각 남원, 북원이라고 부른다. 대웅보전 동편에는 응진전이 있고, 그 안에는 석가여래삼존불을 가운데 놓고 16나한상이 봉안되어 있다. 응진전 앞 삼층석탑은 신라 자장이 중국에서 가져온 석가여래의 사리를 봉안한 사리탑이다.

해남 미황사는 749년 경덕왕 때 의조가 창건한 절이다. 소 울음소리가 아름답다 해서 미황사란 이름을 얻는다. 749년 여름 배 한 척이 사자포 앞바다에 나타났다는 소식에 의조가 제자 100여 명을 거느리고 나갔더니 배 한 척이 다가왔다. 금인金人이 노를 젓는 배에는 금함이 있었고, 그 안에 『화엄경』·『법화경』·비로자나불·문수보살·보현보살·40성중·53선지식·16나한의 탱화 등이 있었다. 의조는 꿈속에서 인도의 국왕이라는 금인의 말을 들었다. "금강산이 일만 불을 모실 만하다 하여 찾아갔더니, 이미 사찰들이 많아서 되돌아가던 길에 여기가 인연토인 줄 알고 멈추었다. 경전과 불상을 소에 싣고 가다가 소가 멈추는 곳에 절을 짓고 모시면 국운과 불교가 흥왕하리라." 경전과 불상을 싣고 움직이던 소가 크게 울고 누웠다 일어났다. 의조는 그 자리에 통교사를 짓고, 마지막 걸음을 멈춘 곳에는 미황사를 지었다. 스님이 차 한잔을 주며 들려준 창건 설화는 아름다웠다.

여행 첫날, 유선여관에 방을 잡았다. 대흥사 바로 아래 오래된 여관이다. 방은 너르고 깨끗한 침구가 깔려 있었다. 저녁 식사를 마치고 얘기를 두런두런 나누다가 몸을 뉘었는데 잠이 오지 않았다. 어디선가 물소리와 소쩍새 울음소리가 고적한 밤공기를 흔들었다. 자정 넘어 밖으로 나오니, 눈앞에 달빛 젖은 길이 펼쳐져 있었다. 그 밤은 이상한 밤이었다. 홀린 듯 이곳저곳을 헤매 다녔다. 여기는 어딘가? 이승과 저승 어디 중간쯤 되는 듯했다. 발아래 달빛을 비춰주는 당신이 금인인가? 경전과 불상을 실은 수레를 끄는 소가 크게 우는 소리를 들었던 것 같다. 소의 울음소리는 환청이었을 거다. 이 자리에 절을 한 채를 지을 것인가? 그 절에서 덕을 닦는 동안 어찌 여자들의 종아리를 잊고 미친 듯이 날뛰는 미친 피를 달랠 것인가?

 해남을 등지고 돌아가는 길에 애인과 사소한 것을 두고 다투었다. 자동차로 경부고속도로를 거쳐 서울로 올라오는 동안 우리 사이에는 차가운 침묵만 있었다. 우리는 서울에 도착해서 늦은 밤까지 문을 연 식당을 찾아가 밥을 먹고 유쾌하게 헤어졌다. 결별이 이루어지는 순간 애인은 웃었다. 나 역시 슬프지 않았다. 잘 살길 바랄게! 그래, 당신도 잘 살아! 애인과 헤어진 뒤 다시 해남 갈 일이 없었다. 악인이 득세하고 활개를 치는 세상에서 잘 살지 못했다. 나는 억울하고 분한 마음으로 짐승같이 흐느꼈다. 달 표면에 첫발을 내디딘 사람도, 대기권 밖에서 푸른 지구를 보고 감격하던 우주인도 다 세상을 떠났다. 해남 아닌 곳에서 가정을 꾸렸으나 풍비박산이 났다. 연애는 보람을 실을 만한 게 못 되었다. 해남에는 영영 못 간다. 해남 외곽에서 눈썹이 검은 처녀와 작은 살림을 꾸려 마당에 금목서와 동백나무 몇 주를 심고 딸 하나를 어여쁘게 기르며 살겠다는 소망은 가망이 없어졌다. 해남은 먼 고장이다. 해남에 갈 수 없다. 돌아갈 수 없는 불가능성 몇 스푼을 부으면 해남은 신기루로 떠오른다. 우리 모두는 생애 동안 꾸는 꿈을 모아서 그리움을 기른다. 그리움이 절 한 채를 지을 만한 부피를 이루면 먼 데서 나를 찾고 부르는 소리가 들린다. 누가 나를 부를까? 환각이고 환청일 테지만 나는 그 소리가 돌 속의 한 여자가 나를 애타게 찾고 부르는 소리라고 여긴다.

시, 바슐라르, 촛불

위대한 시인은 예언자가 된다고 믿었다. 작은 시인은 제 미래를 예언하고, 큰 시인은 제 민족의 미래를 예언한다. 정말 큰 시인들은 인류의 미래를 내다볼 수 있을까? 미래가 과거 성분을 섞어서 빚는 환상이라면 시는 미래의 언어다. 미래의 언어를 추방한 나라는 과거의 시간으로 퇴영한다. 미국은 월트 휘트먼과 로버트 프로스트와 실비아 플라스를 배출한 나라인데, 이 세계 자본주의 종주국은 시도, 미래도, 영성도 없는 나라로 전락한다. 소비의 유토피아를 건설한 나라에서 시는 누구도 애도하지 않는 죽음을 맞는다. 지극히 세속적인 이 나라는 시를 살해하고, 디즈니랜드의 놀이동산과 할리우드의 환상성, 라스베이거스 카지노 천국의 악마적 환락을 내놓는다.

칼릴 지브란의 『예언자』를 읽던 시절이 있었다. 저 아득한 시절, 이 아름다운 시집을 읽으며 시인이 되기를 소망했다. 내 영혼은 레바논산맥과 삼나무들이 품은 신성과 히

아신스와 백합과 수선화의 향기로 그득한 이 시집으로 세례를 받았다. 그때로부터 나는 멀리 와 있다. 한국어 판본이 많지만, 지금 내가 더듬거리며 읽는 것은 영어 원서다. 『예언자』는 스무 해 넘는 구상을 거친 뒤 마흔 살에 크노프 출판사에서 나온다. "이것은 피에 적신 책이고 상처받은 마음에서 나오는 절규다."라는 찬사를 받은 이 시집을 1960년대 미국 히피들은 경전처럼 옆구리에 끼고 다녔다.

칼릴 지브란은 레바논에서 태어나 양치기이자 술주정뱅이인 아버지 밑에서 자란다. 열두 살 때 아버지를 뺀 가족과 미국으로 이민을 떠나 공립학교에서 영어 교육을 받는다. 두 해 뒤 레바논으로 돌아와 프랑스어와 모국어로 공부를 하고 미국으로 돌아가는데, 그 무렵 가족의 잇따른 죽음에 절망한다. 슬픔과 고통의 피난처이던 누이동생, 형, 어머니가 차례로 병에 쓰러져 죽은 것이다. 칼릴 지브란은 젊은 시절엔 파리에서 화가들과 어울리고 그림과 시에 빠진 자유로운 영혼이었지만 평생 독신으로 살았다. 말년에는 뉴욕 그리니치에서 은둔하다가 1931년 4월, 마흔여덟 살에 세상을 뜬다.

인간의 성장이 있는 곳에는 반드시 스승이 있다. 시인에겐 만물이 다 스승이다. 스승은 가르치는 자가 아니라 자아를 밖으로 끄집어내고 단련시키는 자다. 스승이란 내 안의 꺼진 램프에 불씨를 붙여주는 자다. 램프의 주홍색 불꽃이 영감과 사색을 길러주고 고양시키면 나에게는 작은 불꽃을 큰 화염으로 키울 의무가 지워진다. 내 스승은 시냇물, 촛불, 망각, 무지몽매함, 청동 문고리, 한옥의 처마, 벼랑, 바다, 감기, 무한 고독, 램프의 빛, 나무, 달…… 등등이다. 스물세 살 때 시립도서관 참고열람실에서 여러 작가와 철학자의 책을 섭렵하고 줄곧 혼자 시를 썼다. 그러다가 평론을 썼다. 문학평론에 대한 영감을 준 사람은 시학자이자 과학철학자인 가스통 바슐라르다.

그는 독학자였다. 1884년 프랑스 북동부 샹파뉴의 작은 마을에서 태어나 우체국 직원으로 일하면서 부지런히 책을 읽었다. 제1차 세계대전이 터지자 결혼한 지 3주 만에 사병으로 징집되고, 장교 시험을 거쳐 통신장교를 하다가 서른다섯 살 때 제대한다. 아내와 사별하고 딸을 혼자 키웠다. 고향의 한 중학교에서 아이들을 가르치다가 마흔 무렵 수학과 물리학 학사와 철학 교수 자격을 취득한다. 독학의 고독 속에서 1927년 소르본 대학교에서 문학 박사 학위를 받고 소르본 대학교에서 과학철학사와 과학사 교수를 지냈다.

처음 만난 바슐라르의 책은 『초의 불꽃』(국역본은 네 종이다. 『촛불』은 가장 늦게 나온 번역본이다)이다. 바슐라르가 죽기 직전에 완성한 시적 몽상에 관한 책을 시립도서관 창가 자리에서 읽던 순간을 잊을 수는 없다. 햇살이 어깨 너머 책상 위로 떨어지고, 나는 순도가 높은 밝은 햇빛에 물든 책상에 고개를 박은 채 독서에 몰두했다.

바슐라르에게 램프의 빛은 세계의 싹이다. 구형의 유리 용기 안에서 노란 불꽃이 타오른다. 램프의 불은 부드럽고 순수한 파동으로 사물을 감싼다. 램프는 고독의 친구, 시적 몽상의 반려다. 몽상가들은 빛의 격려 속에서 제 자아를 발명한다. 램프는 심지로 기름을 빨아들이며 빛을 밝히는데, 노란 기름이란 무엇인가? 그것은 질료 그 자체이고 아직 불이 되지 못한 빛이다. 램프는 새벽에야 기름을 다 소모하고 숨을 거둔다. 밤새 우정과 위로를 건네던 램프의 빛은 지속하는 평화와 행복에의 약속이다. 램프를 둘러싼 비밀의 탐색자는 이렇게 말한다. "램프는 첫 페이지부터 '존재'다." 그다음은? "책의 화자가 자신이 어느 인적 없는 고원, 어느 인적 없는 집, 벽이 둘러쳐진 어느 텅 빈 정원에 지리 잡았음을 말하는 첫 여섯 줄을 쓰자마자 램프가 개입한다. 타인의 램프, 멀리서 보이는 램프, 예상치 못한 램프다." 램프의 탐색자이자 램프의 고독한 몽상가는 제 가슴에 시인의 운명을 품은 자일 테다.

평범한 독서가를 시인으로 이끈 것은 타인의 램프, 저 멀리 있는 램프다. 그 램프의 빛이 어둠에 방치된 심장에 불을 지핀다. 램프의 빛은 타오르면서 시인을 호명한다. 램프 아래 백지가 펼쳐져 있다. 오, 백지! 백지는 텅 빈 상태지만 거기에는 고독이 바글거린다. 백지의 고독과 마주치면서 나는 다시 시작하는 자, 날마다 무언가를 쓰는 자로 탄생한다.

『초의 불꽃』은 기적같이 다가왔다. 앉은 자리에서 책을 잡자마자 다 읽어버렸다. 그 책이 나를 무의식과 환상으로 이끌며 내면 형질을 바꾸어 놓은 것을 당시에는 미처 몰랐다. 알 수 없는 기운과 영감에 이끌려 문학평론 두 편을 써낸 뒤 나는 그 사실을 어렴풋하게 깨닫는다. 첫걸음을 뗀 바슐라르 공부는 김현·곽광수 교수가 공저한 『바슐라르 연구』를 거쳐서 『몽상의 시학』, 『물과 꿈』, 『공기와 꿈』, 『공간의 시학』, 『불의 정신분석』, 『대지 그리고 의식의 몽상』 등으로 이어진다. 저 이방의 시학자는 무지몽매한 청년에게 우연이라는 기쁨을 선물한 셈이다.

문학이냐 생활이냐. 나는 두 개의 선택지 앞에 서 있던 그때 문학 따위는 버려도 그만이라는 생각을 했다. 강원 내륙을 여행하고 청량리 역사에 내려 거울에 비친 내 몰골은 부랑자와 다를 바 없었다. 꾀죄죄한 옷매무새에 유화 물감이 덜 마른 캔버스를 들고 역구내를 나와 청량리역 광장에 섰을 때 구세군의 종소리가 고막을 울렸다. 크리스마스 캐럴이 울려 퍼지고, 행인들은 저마다 총총걸음으로 사라지는 세밑 거리는 어딘가 모르게 활기찼다. 찬란한 예감 따위는 없었는데, 나를 기다린 것은 신문사 두 군데에서 신춘문예 당선을 알리는 전보였다.

새해 들어서 한 출판사의 연락을 받고 입사 면접을 보

러 갔다. 누군가는 신춘문예에 시와 문학평론이 당선한 걸 갸륵하게 여겼을 테다. 편집부 취업을 통보받고 광장시장에서 기성 양복 한 벌을 사 입었다. 취업이 입사 의식이라면 양복은 사회인의 제복일 테다. 첫 출근 날, 문청 시절은 끝났다는 걸 알았다. 방황은 사치에 지나지 않는다는 자각은 기특한 데가 있었다. 사회로 나아가는 첫발을 떼면서 당분간 바위 같은 생활의 무게를 감당하며 삶에 복무하겠다,라고 결의를 다졌다.

음악의 필요

나는 음악과 함께 성장한 사람이다. 음악을 벗 삼은 덕분에 모난 인격도 깎이고 조금은 원만해졌을 테다. 어렸을 때 혼자 작시법作詩法을 익혀 시를 썼듯이 누구의 권유도 없이 고전음악의 세계에 입문했다. 고전음악을 들을 때마다 맥박이 빨라지고 심장이 요동쳤다. 청소년기에는 오디오 기기器機가 없어 '르네상스'나 '필하모니' 같은 서울 시내의 음악 감상실에서 고전음악을 들었다('크로이체', '티롤', '전원'에서도 고전음악을 들었다). 스무 살엔 몇 끼니는 굶을 수 있지만 음악이 없는 건 참기 어려웠다. 음악 이론서 몇 권을 구해 읽었지만, 그다지 도움이 되지 않았다. 나는 음악의 감동, 정화력, 치유력에 탐닉하며 음악의 순수한 기쁨과 열락의 세계로 들어선다. 고대 제의적 양식에서 유래된 음악이 어떤 과정을 거쳐서 상처받은 영혼을 치유하는 묘약이 되었는지는 알 수가 없었다.

    고전음악에 입문할 때 들은 건 표제 음악이다. 주페의

〈경기병 서곡〉, 로시니의 〈윌리엄 텔의 서곡〉, 차이콥스키의 〈1892년 서곡〉, 무소륵스키의 〈전람회의 그림〉, 비발디의 〈사계〉 따위가 그나마 듣기에 쉬웠던 탓이다. 실내악이나 교향곡으로 청음의 범주를 확장해 나가며 선호하는 악파, 선호하는 지휘자와 연주자도 생겼다. 지휘자나 연주자에 따라 음악의 연주 시간, 패턴, 구조, 질서, 에너지 등이 달라지는 것을 알았다. 고전음악에 입문한 지 1년쯤 지나자 귀가 열렸다. 그때부터 바흐, 베토벤, 브람스, 모차르트, 막스 브루흐, 차이콥스키, 말러, 라흐마니노프, 리스트, 바그너, 쇼팽, 브루크너, 니콜로 파가니니의 곡들을 들으며 음악이 절대의 미와 순수한 기쁨, 숭고함을 품었다는 걸 확신했다.

30대가 되어서야 오디오 기기를 장만하며 귀 호강을 했다. 바흐의 〈브란덴부르크 협주곡 5번〉이니 〈평균율 클라비어곡집〉, 〈무반주 첼로 조곡〉이나 〈파르티타〉 전곡을 들을 때 선율들은 영혼 깊은 곳을 두드렸다. 음악은 눈雪과 불꽃을 삼키고 믿을 수 없는 놀라움을 돌려주었다. 음악이 일으킨 존재의 수직적 상승이 만드는 쾌감과 기쁨을 기적으로 여겼다. 음악은 파란 행성에 쏟아지는 유성우 같았다. 음악은 수천억 개의 행성들이 움직이는 우주이자 악천후가 없는 고요의 심연이었다. 나는 고전음악을 들으며 고요의 안쪽을 만져본 듯했다. 이 경이로운 빵, 이 빼어난 건축술, 부동하는 식물의 사색과 강한 고요의 부흥에 마음을 빼앗겼다. 음악이 주는 기쁨이 없다면 인류의 반은 돌연 불행해질 것이다. 음악이 없는 맨땅에 이마를 찧고 싶을 만큼의 사소한 불행이겠지만 말이다.

　음악은 내 환경에서 누릴 수 없는 절대적 부재의 그 무엇이었다. 고전음악의 강렬한 기쁨은 그 부재와 결핍을 쓰라리게 환기시킨다. 고전음악의 아름답고 우아한 선율과 화음은 소소한 쾌락이고 불꽃같은 열광이었다. 선율은 소리의 높낮이와 장단, 굴절과 반복, 절정과 파국, 휴지와 침묵 등을 빚는다. 교감의 수단이라는 점에서 선율은 음악 고유의 언어다. 내 생각에 음악은 선율과 화음을 통해 시대정신을 전달하는 신호이자 열광이며, 순수 영역에의 조건 없는 초대다. 우리는 화성의 건축적 구조에 깃든 정신의 고고함과 순결성에 공감하고, 혼란과 불안을 꿰뚫는 시대정신을 통찰한다. 화성의 구축이나 대위법을 몰라도 좋다. 고전음악을 좋아한다면 음악이 베푸는 숭고한 지복을 온전히 누릴 수 있다.

　백수로 떠돌던 20대에는 고전음악에 기대어 존재의 남루함을 견딜 수가 있었다. 당시 니콜로 파가니니의 바이올린 협주곡 1번을 자주 들었는데, 2악장에서 늘 눈물을 흘리곤 했다. 아직도 베토벤의 피아노 협주곡들과 교향곡을 들으면 내면이 정화되는 느낌과 함께 내 안의 철학적 오성을 깨운다는 실감을 한다. 음악은 시간과 영원에 대한 숙고를 일깨우고, 운명에의 투시나 죽음에 대한 선험 기억을 환기한다. 고전음악을 들으며 니체와 하이데거를 읽고, 콜린 윌슨과 바슐라르를 읽고, 김우창과 김현을 읽고, 폴 발레리와 말라르메를 읽고, 사르트르나 알베르 카뮈 같은 실존주의자의 책들을 읽었다.

　얼마 전 한 라디오 방송에 초대 손님으로 출연했는데, 구성작가가 사전 인터뷰에서 듣고 싶은 세 곡을 추천해 달라고 했다. 나는 주저하지 않고 세라 본의 〈섬머타임〉, 리 오스카의 〈샌프란시스코 베이〉, 조용필의 〈바람의 노래〉를 여름에 듣고 싶은 곡으로 추천했다. 세 곡 다 즐겨 들으며 남에게도 추천하는 곡이다. 〈섬머타임〉은 본디 미국의 작곡가 조지 거슈윈의 가극 〈포기와 베스〉 중 1막에서 자장가로 소개되었다. 〈섬머타임〉을 들을 때 나는 행복한 슬픔을 맛본다. 여름밤에 아이를 품에 안고 재우는 엄마는 흥얼거린다. 강에서는 물고기가 뛰고 목화는 잘 자랐단다. 네 아빠는 부자이고, 네 엄마는 멋지지. 우리가 너를 지켜줄 테니, 아가야 울지 말거라. 엄마의 감미로운 자장가를 듣지 못한 채 자란 나는 이 곡을 들으면 숨이 막히도록 슬퍼진다.

　30대의 어느 날, 한 카페에서 리 오스카의 연주곡을 들었다. 뱃고동 소리, 갈매기의 끼룩거림, 자동차의 경적이 어우러진 여름 항구 풍경이 떠오르는 전주만 듣고 단박에 반했다. 음반 매장에서 CD를 구해서 수없이 들었다. 햇볕 냄새가 밴 면 셔츠를 입고 여름 정취가 물씬 나는 이 곡을 들을 때마다 나는 덧없는 행복에 빠진다. 한 광고의 배경 음악으로 쓰이면서 대중에게도 널리 알려진 곡이다.

 몇 달 전 일이다. 2022년 6월 미국 텍사스주 포트워스에서 열린 반 클라이번 국제 피아노 콩쿠르의 전 과정을 찍은 다큐멘터리 영화 「크레센도」를 극장에서 관람했다. 열여덟 살 청년 임윤찬은 라흐마니노프 피아노 협주곡 3번을 연주하는데, 그걸 듣고 소스라치게 놀랐다. 그 연주는 기절할 만큼 아름다웠다. 이 젊은 연주자는 피아노 건반이 아니라 내 영혼을 짚으며 무의식이 솟아오르게 했다. 영화 내내 주책없이 펑펑 눈물을 쏟은 건 벅찬 환희와 함께 나란 존재가 순정해지는 이상한 경험을 했던 탓이다.

 내 음악 취향이 넓어진 건 30대 이후다. 이슬람 근본주의자들같이 고전음악만을 고수하다가 재즈나 비틀스, 스모키, 딥 퍼플, 사이먼 앤 가펑클, 빌리 조엘의 노래에도 마음을 열었다. 조용필, 최백호, 배호의 노래도 들으며 가요의 아름다움과 가치를 알게 되었다. 취향의 변화는 나이를 먹으면서 얻은 범속한 트임의 결과일 테다. 늦게나마 다른 장르의 음악에도 기쁨과 아름다움이 오롯했다는 걸 깨치고, 취향의 협량함에서 벗어난 건 다행이다. 음악은 무릎이 꺾인 나를 일으켜 세우는 참다운 벗이다. 음악의 위로가 없었다면 나는 얼마나 더 참담하고 쓸쓸했을까? 아마도 그것은 끔찍한 재앙이었을 테다.

    음악은 철학으로 안내하는 지도다. 음악이 없었더라면 나는 범속한 영혼을 견디며 그럭저럭 살았을 거다. 음악이 없었다면 내 영혼은 빛과 열매, 메아리와 꽃봉오리들, 꽃 피는 천의 봄밤, 흰 장미와 눈보라, 기쁨을 갈구하는 소년과 소녀의 낙천주의 따위는 몰랐을 거다. 빛과 색채를 가진 음악이 없다면 인생은 얼마나 진부했을까? 우리 영혼은 깨져 부스러지고, 물 없는 곳에 방치된 물고기같이 허덕거렸을지도 모른다. 나는 갈망한다, 내게 천진무구한 음악을 다오! 음악은 생명의 원소, 뜻밖의 슬픔, 거저 누리는 부富다. 음악이 없어도 우리는 그럭저럭 살았겠지만 음악은 담요와 생수, 양털로 짠 보온 양말과 함께 반드시 필요하다. 음악은 감미로운 피난처였다. 오, 음악의 기쁨이여. 나는 오늘도 들을 만한 음악을 꿈꾼다. 음악의 부재가 기어코 기쁨의 희박함과 영혼의 메마름을 초래할 것이기 때문이다.

한국문학을 크게 칭찬함

2024년 10월 10일 목요일 저녁, 스웨덴 한림원이 한국 작가 한강을 2024년 노벨문학상 수상자로 호명한다. 아시아 여성 작가 중 첫 노벨문학상 수상자로 한강의 이름이 낯선 발음으로 불려질 때 도무지 믿기지 않았다. 내가 제대로 들은 게 맞나, 나는 귀를 의심했다. 이게 꿈이 아니라는 걸 깨달은 뒤에는 이 몽환적 행복에서 빨리 깨고 싶지 않았다. 잘 알다시피 노벨문학상 수상으로 한강 신드롬은 우리나라는 물론이거니와 전 세계에 휘몰아쳤다. 그것은 경이로움 그 자체고, 그 위력은 메가 태풍에 견줄 만했다.

　스웨덴 한림원의 마츠 말름 사무국장에 따르면 올해 노벨문학상 수상 작가와 전화 통화를 하던 순간 한강 작가는 아들과 저녁 식사를 하던 중이었다고 한다. 온 나라가 열광할 때 작가는 간단한 수상 소감을 밝히고 모습을 드러내지 않았다. 작가는 미디어와의 기자회견을 마다하고 일상의 고요 안에서 표표했을 테다. 한국어를 변방의 언어에서 중심의 언어로 견인한 한강의 문학이 거둔 성과는 거의 기적이다. 한강은 단박에 세계 작가의 반열에 오르고, 한국문학도 몇 단계 도약하여 세계 문학으로서의 지위를 얻었다. 한국문학을 뒤흔든 이 기적 같은 사태로 파생될 좋은 영향력이 우리 작가들 모두에게로 고루 퍼지길, 그리고 우리 사회에 독서 열풍을 지피는 불쏘시개가 되길 염원했다.

　한강 작가가 노벨문학상을 수상하리라고 예견한 이는 없었다. 그만큼 충격도 기쁨도 컸다. 우리는 "역사적 트라우마를 직시하고, 인간 삶의 연약함을 드러내는 강렬한 시적 산문"이라는 찬사를 받은 한강의 소설을 원서로 읽게 된 사실에 감격했다. 『소년이 온다』, 『채식주의자』, 『작별하지 않는다』, 『흰』, 『희랍어 시간』 등을 소장하려는 사람들이 서점으로 몰리며 서점 재고는 반나절 만에 동이 났다. 출판사는 중쇄 발주를 서두르고, 인쇄소들은 한강 책을 인쇄하느라 3교대 근무를 하며 밤샘 작업 중이라고 했다.

　한강은 먼저 『채식주의자』로 세계 문단에 이름을 알렸다. 강렬한 주제 의식, 통념을 깨는 이미지들, 생생한 언어들, 기발한 판타지로 직조해 낸 놀라운 소설이다. 야만의 폭력에 눌린 여성의 가느다랗지만 동시에 강렬한 저항을 담은 이 작품으로 2016년 영국의 맨부커 인터내셔널상을 수상한다. 작중 여성이 육식을 거부하며 내보이는 생리적 반응은 구토와 자해였다. 이것은 폭력의 무자비함에 대한 거부를 함의한다. 정치사회적 맥락에서 폭력이 남성, 가부장제, 권력의 몫이었다면 희생은 나약한 여성, 소수자, 비권력자의 몫이었다. 한강은 희생자의 몸에 각인되는 폭력이 올바름에서 벗어난 권력과 권력의 무자비함에서 비롯되었음을 드러낸다. 육식에 대한 거부는 여성-주체의 신체가 나무로 바뀌는 변신으로 이어지는데, 이것은 가부장제의 반생명적 억압에 대한 식물적 저항을 담아낸 경이로운 상상력의 산물이다.

"언어는 우리를 잇는 실이다."라고 말한 한강 작가는 명민한 작가다. 나는 이 말에 동의한다. 한강은 제 언어가 삶의 "표면 아래에서 우리를 흔드는 중요한 감정들, 깊은 의문들, 감각들"을 끌어내는 것을 꿰뚫고 있다. 그의 언어는 늘 "심장 속, 아주 작은 불꽃이 타고 있는 곳, 전류와 비슷한 생명의 감각이 솟아나는 곳"에서 나오고, 그것은 세상을 향한 목소리이고, 동시에 내밀한 사유와 생명의 감각, 형태가 없는 이미지와 상상력을 하나의 현전으로 드러낸다. 우리는 한강의 언어는 사적 서사를 넘어서서 집단무의식에 접속하고, 점처럼 흩어진 약한 존재들을 잇는 매개이자 비밀과 진실을 캐내는 도구라는 점에 동의한다.

『소년이 온다』와 『작별하지 않는다』는 광주항쟁과 제주의 4·3 같은 비극의 역사에서 베이고 으깨져 버린 희생자의 목소리를 불러낸다. 한강은 약자들의 훼손과 트라우마를 응시하는데, 그가 선택한 시적 언어는 회복과 치유의 언어, 원혼을 달래는 씻김굿의 언어다. 한강 소설은 밀도가 높아 훈련받지 않은 독자가 읽기에는 만만치 않은 구석이 있다. 한강의 소설이 불편하다면 그것은 작가가 줄곧 우리가 외면한 역사에 묻힌 불편한 진실을 호출하고 주류와는 다른 목소리를 내온 탓이다. 한강은 폭주하는 역사의 뒤안길에서 끔찍한 죽임을 당한 약자, 소수자, 희생자 들의 목소리를 낸다. 전근대의 리얼리즘 양식을 따르지 않고 시적 성찰과 낯선 판타지에 기댄다는 점에서 한강 문학의 특이점이 분출한다.

나는 문학 강연에 나설 때마다 한국문학이 노벨문학상을 받을 날이 멀지 않았다는 희망적 전망을 내놓았다. 김혜순, 이승우, 한강 등등을 노벨문학상에 근접한 작가들로 꼽으며 그들이 수상자로 호명되어도 놀라지 않을 거라고 했다. 한국문학의 두께가 두꺼워지고 질적 성취가 세계 문학의 수준에 이르렀다고 믿었기 때문이다. 그렇건만 한강의 노벨문학상 수상은 기적이라고 말할 수밖에 없었다. 이것은 한강 문학이 이룬 문학성과 윤리적 감각이 융합하여 맺은 열매다. 노벨문학상 수상은 세계성을 획득한 작가 자신의 보람이고 공훈이자 한국문학 전체에 쏟아진 찬사다. 물론 한강 소설은 개인의 노고와 상상력의 산물이다. 하지만 한강 개인의 창작물이더라도 이 소설들이 맥락 없이 공중에서 떨어진 게 아니란 점도 놓쳐서는 안 될 일이다. 문학으로 첫걸음을 뗀 작가에게 풍부한 자양분을 베풀고 뼈대를 갖게 도움을 베푼 것은 한국어로 작품을 쓴 무수히 많은 한국문학 작가들이다. 한강 문학의 미학적 성취와 상상력은 면면히 이어진 한국문학의 전통에서 그 뿌리를 찾을 수 있다. 따라서 한강의 노벨문학상 수상은 당연히 한국문학 창작자 모두가 함께 누려야 할 기쁨이자 공훈으로 받아들여져야 마땅한 일이다.

장소와 장소성

서울에서 마흔 해를 살고 경기 남부 안성으로 거주지를 옮겼다. 다시 자본주의와 상품 물신이 춤추는 서울을 거쳐서 지금은 삶의 터전을 경기 북부 파주로 옮겼다. 한반도의 운명을 쥐락펴락하는 법과 기율이 만들어지는 서울! 근대 이후 줄곧 금융과 상업 자본과 행정의 중심지로, 문화와 교육 기회의 집중 같은 각종 수혜 속에서 '특별시'라는 초월적 지위를 누려왔다. 스펙터클을 창출해 내면서 점점 더 거대해지고 '특별'해진 곳이 서울이다.

1930년대 한국문학의 주역인 이상과 박태원 같은 이들은 서울 토박이다. 그들은 경성의 카페와 백화점을 드나들며 카페 여급과 자유연애를 하고, 전차로 도시를 가로지르며, 경성 시내를 돌아다닌 유쾌한 산책자들이다. 경기도는 암탉이 포란하는 형태로 서울을 감싸 안는다. 지정학적 숙명으로 인해 서울과 경기도는 한 운명 공동체로 연동될 수밖에 없다. 서울은 늘 중심이고 경기도는 그걸 감싼다. 서울은 경기도의 자원과 조력에 기대어 덩치를 키우지만 경기도는 수도권 인구 밀집의 제약 속에서 따돌림당하고 불이익을 감수했을 테다.

경기도를 삶의 터전으로 삼고 사는 이들은 경기도란 장소에서 애착과 모험을 겪으면서 장소 정체성을 수납한다. 경기 북부는 고양, 파주, 연천, 포천, 의정부, 동두천 등이, 경기 남부는 안양, 시흥, 성남, 분당, 과천, 평촌, 군포, 수원, 용인, 화성, 오산 등이 연접해 있다. 경기 서부는 인천, 안산, 강화를, 경기 내륙은 여주, 이천, 장호원, 평택, 안성 땅을 품는다. 경기도는 개방적이고 역동적인 삶의 자리다. 한 세기 전에는 시골 풍경이 펼쳐지는 곳, 논밭과 촌락들이 대부분이었다. 오늘의 경기도는 주택단지나 공단으로 개발되는 바람에 농경지대는 사라지는 추세다. 이제는 도시화와 산업화로 인한 변화의 정향 속에서 옛 모습은 사라진 셈이다.

경기도에서의 삶을 바탕으로 시와 서사를 빚은 작가들은 조선 왕조의 계관시인 이규보에서 20세기 후반 요절한 시인 기형도까지 여럿이다. 오정희, 윤흥길, 박영한, 양귀자 같은 경기도로 이주한 작가들도 경기 문학지리학을 만드는 데 한몫을 거든다. 윤흥길은 1971년 '광주대단지 폭동'으로 유명한 서울 달동네 철거민의 성남 이주 과정에서 폭발한 시민 폭동을 다룬 『아홉 켤레의 구두로 남은 사내』를 쓴다. 박영한은 1970년대 경기도의 소도시를 배경으로 소설을 썼다. 도농의 중간 지대인 덕소, 능곡, 김포, 안산 등지를 떠돈 제 드난살이 경험을 바탕으로 『왕룽일가』와 『우묵배미의 사랑』을 써낸다. 양귀자는 1980년대 경기도 부천시 원미동 일대의 시민 군상의 구질구질한 삶과 부박한 욕망을 캐고 그려낸 연작소설 『원미동 사람들』을 썼다.

    기형도는 경기도 연평도에서 태어나고 시흥군 서면 소하리, 지금은 광명시 소하동으로 바뀐 곳에서 어린 시절을 보낸다. 아버지는 연평도에서는 면사무소 공무원을 하다가 간척 사업에 실패하고, 1960년대 중반 시흥군 서면 소하리로 이주한 사람이다. 당시 안양천을 따라 두강길이 이어진 곳으로 근처에는 기아자동차 공장이 있었다. 소년 기형도에게 안개가 낀 둑방 길로 출근하는 공단 여공들의 모습은 낯익은 풍경 중 하나였다. 어쩌면 이 풍경이 그의 무의식에 어두운 신화의 그림자를 드리웠을지도 모른다. "방죽 위로 걸어가는 얼굴들은 모두 낯설다. 서로를 경계하며/바쁘게 지나가고, 맑고 쓸쓸한 아침들은 그러나/아주 드물다. 이곳은 안개의 성역聖域이기 때문이다."(기형도, 「안개」 일부) 샛강 부근엔 늘 안개가 자욱하게 끼었다. 그 안개를 뚫고 출근하는 이들은 서로 "낯설고", "서로를 경계"한다. 여공들은 "쓸쓸한 가축들"로, 그 둑방 풍경 일대는 "안개의 성역"으로 묘사된다. 그 둑방 길에서 한 여직공이 겁탈당하고, 취객은 동사한다. 안개는 세계의 폭력성을 은폐하는 그 무엇이다. 이

음울한 풍경은 그의 등단작인 「안개」라는 시편에서 놀랍도록 구체적 실감을 품은 풍경으로 살아난다.

김중식은 시집 『황금빛 모서리』에서 제가 태어나고 성장한 인천을 "세상의 끝"이라고 말한다. 그에게 인천은 정서적 탯자리, 애착심과 감정적 연대를 이룬 장소, 장소 정체성을 부여한 실존의 거점이었겠다. 아울러 그곳은 비루함을 품고 고투하며 최선을 다해 방황하던 고단한 청춘의 자리, 낮은 포복으로 기어야만 했던 막다른 삶의 최전선이었을 테다. 가난의 세목과 비루한 사정을 소재로 삼은 「식당에 딸린 방 한 칸」이란 시가 민낯으로 드러낸 현실은 막다른 골목이다. 그는 막장에서 먼 곳을 동경하는 한 젊은이의 상상 세계를 펼쳐낸다. '나'의 어머니는 유곽이 있는 동네에서 식당을 꾸리며 하루 16시간의 노동을 감당한다. 철로가 놓인 동네에서 '나'는 '기생충', '버러지 같은 놈'이라는 손가락질을 당하고 멸시를 받는다. 철로의 끝 너머로 서해, 중국 대륙, 인도와 유럽과 태평양으로 이어지는 공간의 점층적 확장을 보여준다. 인천은 상상의 시작점이자 끝이다. 그곳에 있는 집은 양육과 보호의 기능, 보살핌과 보호의 공간이 아니라 자아의 삭막한 거푸집이다. 이 공간은 막다른 실존의 끔찍함과 자기 모멸감을 파열하듯 드러낸다.

전후 인천은 북쪽 항만 끝의 제분 공장, 날마다 탄가루를 날리는 저탄장(그 탄가루 공해에 시달린 어른들은 "망할

놈의 탄가루들. 못 살 동네야."라고 푸념을 쏟아낸다), 해안 촌 한쪽의 차이나타운, 낡은 적산 가옥들로 이루어진다. 베란다에 내걸린 담요와 여성 속옷들과 잡다한 것들이 복잡하게 뒤섞인 풍경은 전후 인천의 사정과 풍광을 고스란히 드러낸다. "철로 넘어 제분 공장의 굴뚝에서 울컥울컥 토해내는 검은 연기는 전쟁으로 부서진 도시의 하늘에 전진처럼 밀려들고 있었다. (……) 시의 정상에서 조망하는 중국인 거리는, 검게 그을린 목조 적산 가옥 베란다에 널린 얼룩덜룩한 담요와 레이션의 속옷들은, 이 시의 풍물이었고 그림자였고 불가사의한 미소였으며 천칭의 한쪽 손에 얹혀 한없이 기우는 수은이었다. 또한 기우뚱 침몰하기 시작한 배의, 이미 물에 잠긴 고물이었다."(오정희, 「중국인 거리」 일부) 오정희는 1950년대 인천 차이나타운을 배경으로 한 소설을 써낸다. 오정희는 1950년 한국전쟁 당시 서울에서 충청도로 피난을 떠났다가 1955년 조양석유 인천지사장 발령을 받은 아버지를 따라 인천으로 이사한다. 그 기억에 의지해 오정희는 인천 차이나타운을 무대로 전쟁 직후의 혼란스러운 시절을 보내는 한 사춘기 소녀의 실존적 불안을 그린 「중국인 거리」를 써낸 것이다.

    경기도 문학지리학은 이미 이룬 것보다 미래에 이룰 것이 더 크다. 그런 점에서 그것은 현재진행형이다. 미래의 경기 문학지리학을 위하여 우리는 진득하게 기다릴 필요가 있다. 장소들은 지리의 근간이다. 장소성placeness은 땅에 대한 깊은 감정이나 애착심을 근거로 만들어지는 의미체일 테다. 문학이 사회와 장소에서 태어난다면 문학은 장소를 전유한다. 장소가 생존이 이루어지고 정서적 유대감을 빚는 조건이기 때문이다. 세계는 장소들의 집합체다. 그것은 우리 내면에 감정을 살아나게 하고, 장소성의 의미를 각인시키며 자아의 윤곽과 형체를 만드는 곳이다. "그것은 경험의 가능성을 제공하며 동시에 경험을 제한한다." 문학지리학에서는 문학을 산출한 장소성이라는 의미체를 캐고 따진다.

3

계절의 감각

오랫동안 나의 바다는
비루한 삶을 품은 낡고 진부한 세계와
저 너머 이상향 사이에서 영원히 출렁이었다.
다시 여름이 가고, 계절과 계절 사이에서
새로운 바람이 인다.
다시 살아봐야겠다!

여름의 의무는 행복

여름은 능소화, 배롱나무꽃, 달리아, 꽃양귀비, 낮달맞이꽃, 당비싸리, 우단동자꽃 같은 꽃을 데리고 온다. 능소화와 배롱나무꽃은 붉은 여름 꽃이다. 여름 꽃의 방향이 종일 데워진 공기로 녹아드는데, 누군가 커다란 개를 끌고 저녁 공기 속을 지나간다. 언제부터 여름을 좋아한 건지 잘 모르겠다. 분명한 것은 여름에 도파민 분비가 활발해진다는 거다. 삶에의 의욕이 불타오르며 나도 모르게 콧노래를 부른다. 대관령 살바토레의 아름다운 여름 정원이나 제주 협재 앞바다를 떠올리며, 푸른 하늘의 흰 구름을 보며 싱싱한 야채를 아삭아삭 씹는 바다거북의 기분을 만끽한다.

여름 기분은 들뜸과 행복감으로 구성된다. 나는 양띠 해의 한겨울에 출생했는데, 어쩌면 내 무의식 어딘가에 겨울의 불안과 우울증이 있을지도 모른다. 어쩌면 나는 겨울의 우울과 비활동성 기질을 지닌 사람으로 성장한 것일까? 일조량이 넘쳐나는 한여름에는 내 속의 기쁨과 명랑함이 살아난다. 해가 끓는 정오, '아, 여름!' 하고 안도한다. 정신분석을 공부하면서 내가 침잠과 은둔에 이끌리게 된 사정을 이해했다. 자두가 익고 복숭아가 익을 때쯤 배낭을 메고 떠나 여행지에서 김화영의『여름의 묘약』이나 알베르 카뮈의『결혼 여름』, 다니자키 준이치로의『그늘에 대하여』를 읽는 호사를 누리고 싶다. 습기와 열대야와 지루함을 벗어나기 위함이 아니라 독서가 궁극적으로 여름의 행복한 몽상을 키우는 데 보탬이 된다고 믿는 까닭이다.

화단에 봉숭아꽃 몇 송이가 피는 시골 학교 교사로 살고 싶었다. 내 생애에서 그걸 이루는 일은 난망해졌다. 밤에는 가사를 쓰고 음악을 만든다. 아내가 악보를 보며 기타를 치며 노래를 흥얼거리면 좋겠다. 검은 염소 여섯 마리를 키우고, 벼슬이 붉은 장닭과 암탉 몇 마리도 풀어놓고, 딸에게 동화를 읽어주려던 내 꿈은 깨졌다.

젊은 날을 분노와 적대감으로 좌충우돌하며 흘려보낸 것은 어리석은 일이다. 시와 철학과 음악에서 한 줌의 기쁨과 위안을 구했지만 나는 한심한 영혼이 되고야 말았다. 세계가 돌연 낯설어지는 여름 저녁, 나는 생산하는 자들에 기생하며 고작 책 몇 권이나 읽었다. 평생 하염없는 짓이나 하며 살았다. 수족을 놀리는 사람으로 살거나 근면한 농사꾼, 아니면 가구를 만드는 장인이 되거나 봉제공장에서 바늘귀에 실을 꿰고 옷에 단추를 다는 일에 정성을 다하며 살았어야 마땅하다. 출근하는 딸의 구두라도 정성껏 닦아놓아도 좋았을 테다. 그러지 못한 것은 내 과오일 따름이다.

여름 저녁 술집은 술꾼들로 붐빈다. 상점마다 실내등이 켜지고 주택가 창문도 호박색 불빛으로 채워진다. 버스 정류장에서 너를 기다리던 나는 스물이었다. 박모 속에서 가로등 불이 꽃처럼 피어날 때 어두운 정류장에서 서성이던 나는 기다림으로 인생을 탕진하리라는 걸 알아차렸다. 기다림의 성분은 기대의 좌절과 유예가 분비하는 권태다. 권태는 기다리는 자를 삼킨다. 너는 언제나 늦는다. 사랑은 기다림이 반이다. 우리는 연인과 이별 뒤 다른 장소 다른 시간에서 살아간다. 거리의 모퉁이에서 모르는 이가 사는 집의 불 켜진 창을 하염없이 바라보며 심장이 찔린 듯 아플 데다.

나는 너를 사랑했던가. 너는 나를 사랑했던가. 바람결을 타고 달콤한 노래가 들려온다. 노래에는 실패와 고뇌의 시간을 비켜갈 수 없음을 깨달은 자의 회한이 들어 있다. 출판사 창업을 해서 흥한 뒤 무너지며 식구들이 뿔뿔이 흩어졌다. 그리고 비통한 시간을 보냈지만 사업 실패는 인생에 대한 한 줌의 회의를 남겼을 뿐이다. 왜 꽃은 피었다가 지는가를, 딸은 왜 빨리 품을 떠나는가를, 나는 늦된 사람처럼 겨우 깨닫는다.

한낮 땡볕은 이마가 델 만큼 뜨겁다. 태양이 정수리로

쏟아질 때 때죽나무에서는 매미가 맹렬하게 울어댄다. 화단에는 맨드라미가 자라고 그 옆에는 껑충 키가 큰 해바라기도 서 있다. 여름이 부과하는 단 하나의 의무는 행복이다. 나는 어디선가 행복 한 줌을 훔칠 테다. 과일가게에는 향기로운 여름 과일들이 쌓여 있다. 어린 시절 심심할 때는 뽕나무로 올라가 가지에 매달린 오디를 따 먹었다. 잘 익은 오디 열매는 달콤새콤한데, 오디를 욕심껏 움켜쥔 손은 금세 보랏빛으로 물든다. 셔츠 자락도 보랏빛 범벅이 되어 울상이 되었다. 어머니가 꾸중을 하실 게 분명했다. 밤늦게 돌아오신 어머니는 더러운 옷을 보고도 아무 말씀이 없으셨다.

 어린 시절 동네에는 철공소가 있었다. 철공소 안을 들여다보면 용접봉에서 쉭쉭 소리를 내며 파란 불꽃이 뱀의 갈라진 혀처럼 허공을 핥았다. 모루에는 제물처럼 달궈진 쇠가 올려진다. 쇠를 두드리면 망치가 내는 소리가 천둥소리 같았다. 강철을 연마하는 모루와 망치들에 쉽게 매혹되었다. 한여름의 철공소 안에는 모루와 망치의 합창, 후끈한 열기와 땀구멍에서 솟는 땀방울들이 있었다. 나는 용접봉에서 나오는 파란 불꽃을 보느라 그 앞을 떠나지 못했다. 여름의 철공소와 함께 가보지 못한 먼 고장을 꿈꾸었다. 도시는 번잡하고, 기름과 향신료 냄새들이 후각을 찌르는 시장도 있다. 귀에 선 말로 소통하는 사람들과 색과 모양이 낯선 열대 과일도 풍성할 테다.

여름의 수목들은 무성하고, 숲속에 들어서면 나무들 특유의 방향이 떠돈다. 교목의 잎잎은 기름을 바른 듯 반짝거린다. 바람에 챙캉챙캉 쇳소리를 내는 녹색 잎들, 활엽수들이 내뿜는 산소, 그리고 나무들이 드리우는 푸른 그늘들! 나무 그늘에서 여름을 노래한 시를 읽으면 기분이 좋았다.

> 태양이 내리쬐는 넓은 해변들
>
> 하얀 더위
> 푸른 강물
>
> 다시, 말라붙은 노란 야자나무들
>
> 여름에 잠자는 십에서
> 8월 내내 꾸벅 졸며
>
> 내가 붙잡았던 날들,
> 내가 잃어버린 날들
>
> 딸애들처럼 웃자라서
> 내 팔을 빠져나가는 날들.
> ─데릭 월컷, 「한여름, 토바고」

오, 딸애들처럼 웃자라서 내 팔을 빠져나가는 날들이

라니! 여름이 없었다면 이토록 많은 여름의 시들도 없었을 테다.

산책할 때 보니, 동네 텃밭은 거두지 않은 고구마 줄기로 무성했다. 담벼락 아래 토란들은 넓은 잎사귀들이 보기에 좋았다. 공들여 가꾼 텃밭에서 잘 자란 고구마와 토란이 어린 새끼들마냥 사랑스럽다. 토란잎은 원형이고 녹색이다. 어린 시절 토란의 잎사귀를 우산처럼 받쳐 들고 놀았다. 마당에는 모깃불을 피우고 평상에 누운 채 밤하늘의 영롱한 별자리를 올려다보았다. 외할머니는 내가 잠들 때까지 여린 살에 달라붙는 모기를 쫓아내느라 부채질을 멈추지 않았다.

여름에도 색이 있다면 그건 단연코 파랑일 테다. 여름의 파랑들. 바다의 푸름, 여름 숲에 내리는 비의 푸름. 여름의 빛이여, 내 영혼의 기쁨이여. 넘치는 빛이 사라진 뒤에는 재만 남는다. 평생 여름의 매혹에 빠졌던 것을 후회한 적은 없다. 여름엔 모두가 평등하게 행복해져야 한다. 해 질 녘 거리에서 행인을 붙잡고 "당신은 행복한가?"라고 묻고 싶었다. 여름엔 당신도 잘 익은 복숭아를 먹는가? 파란 바다와 흰 모래가 빛날 때 여름은 돌아온다. 나는 긴 셔츠와 반바지를 입는 계절을 좋아한다.

여름 저녁엔 찐 옥수수와 복숭아를 먹는 게 즐겁다. 나는 여름이 끝날 때까지 복숭아 서른 개쯤 먹는 것을 삶의 보람으로 삼을 테다. 비 오는 날엔 쇼팽의 피아노곡을 틀어놓고 귀를 기울인다. 변성기 무렵 내 목소리는 거위 소리 같았다. 음치는 나의 불운. 변성기 이후 더 이상 가곡을 부르지 않는다. 여름엔 열일곱 살과 사춘기의 첫 키스가 찾아온다. 여름이 지나고 또 다른 여름이 돌아온다. 세월이 더 흘러야 알 수 있을까? 사람들이 살고 죽는 이유를, 여름의 빛에 그토록 매혹되는 까닭을. 무수한 모름 속에서 여름의 행복을 만끽하며 살아온 사람에게 여름의 빛과 영화榮華의 순간은 환영처럼 사라진다. 사라진 것은 되돌릴 수 없다. 오, 내 인생의 여름들이여, 절정에서 돌연 사라지던 빛이여!

지중해에서 보낸
여름 한 철

내가 여름에 열광한 것은 풍성한 빛 때문이다. 여름의 덕목은 많다. 그중에서 빛은 가장 귀한 재화 중 하나다. 만인에게 골고루 분배되는 여름의 빛은 살려는 의지를 북돋운다. 빛이 없다면 인간은 활동에 제약을 받을 테다. 우리는 빛이 있는 동안만 활동을 할 수 있다. 오, 작열하던 여름의 빛이여. 살면서 내 뜻대로 풀리지 않는 일이 많았다. 돌이켜 보면 삶의 난제는 새롭지 않고, 대개는 나보다 앞선 자들이 풀지 못한 기출문제들이다. 그렇다고 그 문제들이 쉬웠던 건 아니다.

바람에 나부끼는 커튼 사이로 비쳐 드는 여름의 빛, 빛, 빛들! 빛은 마치 촉수가 달린 듯 얼굴을 간지럽힌다. 목백일홍꽃이나 수탉의 붉은 볏 같은 맨드라미꽃에서 여름은 자글자글 끓는다. 오전에 빨랫줄에 넌 셔츠나 수건은 물기 한 점 없이 잘 마른다. 햇빛에 마른 옷에 코를 박으면 햇빛 냄새가 난다. 여름 햇빛 냄새를 맡으려고 나는 마른 빨랫감에 코를 박는다. 빛은 정오에 정점에 도달한다. 자정에는 자연광이 완전히 사라진다. 빛의 배후는 두텁고 너른 어둠이다. 어둠 속엔 고라니가 튀어나오는 한밤의 국도, 노란 달과 별빛들, 비밀에 감싸인 숲속, 파도가 치는 해변, 길고양이들이 배회하는 도시의 뒷골목들이 있다. 밤중에는 올빼미나 박쥐 같은 야행성 조류들이 날아다닌다. 올빼미는 낙엽 더미 위를 타고 지나는 들쥐를 단박에 낚아챈다. 이들 야행성 조류는 빛이 없는 공간에서도 냄새와 소리, 자기장으로 먹잇감의 움직임을 포착하는 것이다.

어느 해 여름 한 방송사의 촬영 팀과 한 달 일정으로 그리스와 튀르키예의 연안으로 그리스와 로마 신화의 발상지를 돌아보는 순례를 떠났다. 「지중해 인문학 기행」의 촬영을 위해 도착한 인천국제공항은 휴가를 떠나는 이들로 붐볐다. 저들은 여행이 떠난 곳으로 돌아오는 궤적 안에서 이루어진다는 것, 그리고 여행이 캐리어를 끌고 나서는 순간부터 일상의 범속함을 떨쳐내는 일이자 속죄의 여정이라는 걸 알고 있을까? 사람은 장소와 지리의 자식들로 태어나 설렘과 격정을 품은 채 더 많은 장소와 지리를 겪어내며 경험을 확장한다. 이것은 삶을 풍요롭게 하는 데 중요한 요소다. 우리의 여정은 이스탄불에서 에게해 연안을 따라 천 킬로미터를 내려와서 다시 로도스·산토리니·크레타섬을 거쳐 그리스 아테네까지 이어질 예정이다.

고대 도시는 폐허가 된 채로 잡초에 방치되어 있었다. 한때 번성했을 고대 도시는 겨우 흔적만 남고, 유적지 그늘 아래에서는 늙은 개들만 한가롭게 낮잠을 즐기고 있었다. 트로이 들판은 진홍색 개양귀비꽃과 연보라색 라벤더로 덮여 있었다. 벌판에는 무화과나무 한 그루가 서 있었다. 땡볕을 피해 무화과나무 그늘 아래서 땀을 닦아냈다. 서늘한 무화과나무 그늘 아래서 화염 같던 여름의 빛을 바라보던 때가 내 인생의 화양연화였을까.

크레타섬에 도착했을 때도 여름은 한창이었다. 크레타의 여름은 올리브와 무화과가 무르익는 계절이다. 크레타는 작가 니코스 카잔차키스의 고향이다. 섬의 언덕에는 작가의 무덤이 있다. 쉰여 명의 관광객을 태운 소형 여객기가 착륙한 이라클리온 공항 일대는 잡초에 덮여 있고 대기에는 강렬한 여름의 햇빛이 화염처럼 일렁거렸다. 일사광이 얼마나 웅장한지 눈을 뜰 수가 없었다. 나는 손차양을 하고 그 빛을 가린 채 반쯤 뜬 눈으로 섬의 저 먼 끝을 바라봤다.

유럽 문명보다 4천 년이나 앞선 문명이 번성했던 크레타섬에 도착했을 때 촬영을 강행한 터라 약간의 여유가 생겼다. 크레타섬에서 아침엔 호텔 조식을 먹고, 점심에는 해안가 식당을 찾아갔다. 해안가 식당에서는 빵과 신선한 야채, 오징어와 문어를 곁들인 해산물 요리를 먹었다. 이튿날엔 반바지를 입고 다른 식당으로 몰려가서 오징어 튀김과 해산물, 갓 구운 빵, 올리브 열매, 올리브유를 듬뿍 뿌린 양파와 양상추, 체다 치즈를 곁들인 풍성한 요리를 먹었다. 모든 식단에 올라오던 올리브 열매와 빵들은 다 맛있었다. 식사 뒤 에게해의 물결을 바라보며 산책을 하는 동안 빛과 그림자, 재와 밀랍에 관한 상상에 빠졌는데 그 시간의 정일함에 마음을 빼앗겼다. 그 고요와 한가로움 속에서 보낸 여름의 며칠은 가슴이 설렐 만큼 좋았다.

「지중해 인문학 기행」의 촬영을 다 마치고 돌아온 것은 여름의 끝이다. 체감온도 35도 안팎의 불볕더위가 여전했다. 나는 땡볕 아래를 걸어서 동네 빵집이나 우체국을 들르고, 카페에서 책을 읽었다. 한동안 크레타섬에서 보낸 며칠의 잔상이 머릿속에서 떠나지 않았다. 지중해에서 불어오던 쾌적한 바람을 맞으며 걸어서 숙소로 돌아오던 그때가 내 인생에서 가장 감미로운 순간은 아니었을까?

오늘 아침 바람의 결은 며칠 전과 다르다. 지나가는 여름과 새로 오는 계절 사이에서 우리의 기쁨과 슬픔은 의연했다. 계절이 순환하고, 별들이 우주의 제 궤도를 도는 동안 우리의 태어남이 끔찍한 아름다움 속에서 이루어졌다는 걸 잊지 말자. 이제 여름의 처연함을 견디는 동안 우리는 작년보다 더 선량해졌을 테다. 뇌우가 우는 저녁이 한 줄로 다가왔다. 우리 사랑의 이야기들은 잡초처럼 무성했다. 아침저녁으로 차가워진 공기로 목덜미가 서늘해질 때 우리는 불안한 듯 서성인다. 그리고 가뭇없이 자취를 감춘 여름의 빛과 영광을 내내 그리워할 테다.

여름의 빛과 열기가 엷어지고, 맹렬하던 매미 소리도 더는 들리지 않는다.「전국노래자랑」이 방영되는 낮엔 콩국수를 먹으러 나갔다. 피서 떠난 이들이 돌아오지 않은 도시는 호러 영화에나 나올 법한 유령도시 같다. 옥수수 몇 개와 수박 몇 통, 수밀도 복숭아를 서른 개쯤 먹었더니, 돌연 여름은 끝난다. 신선해진 바람과 쾌청한 하늘은 지금이 여름과 전별할 때라는 걸 알리는 신호다. 열대야는 끔찍하고, 한낮의 빛은 찬란했던 여름이여, 잘 가라. 여름은 곧 아무 일도 없었다는 듯이 시간의 무한 나선 속으로 사라지리라. 사라진 여름은 다시 돌아오지 않는다.

장마와 「청포도」

장맛비가 쏟아지고 긴급 재난 문자가 도착했다는 신호가 울린다. 굵은 빗방울은 초목과 지붕을 적시고, 금세 작은 내와 강, 물웅덩이와 호수가 범람한다. 물은 성난 기세로 제방을 무너뜨려 저지대를 침수시키고, 집과 가축과 인간 목숨마저 쓸어간다. 산사태로 지방도로가 끊기고, 항공편과 기차편이 취소되었다. 임시로 편성된 호우 특보 방송에 귀를 쫑긋 세운다. 온 나라가 물난리 소동을 치르는데 천진한 고양이 두 마리는 소파에서 몸을 둥글게 말고 잠을 잔다. 장맛비는 이제 그만 내려도 좋으련만!

　장마철에 외삼촌들은 빗속을 뚫고 들판으로 나가 먼 강에서 가까운 내로 거슬러 올라오는 메기와 잉어를 그물로 건져왔다. 외삼촌들은 어른 팔뚝만 한 메기와 잉어들을 자랑스럽게 마당에 풀어놓았다. 동네 사람들이 몰려와 메기와 잉어들을 보며 경탄을 했다. 아, 세상은 놀라움과 기쁨으로 가득 차 있구나! 나는 먼 고장을 그리워하고, 아직 살아보지 못한 미래에 설레는 아이였다. 장마철 빗소리에 심장이 뛰었고, 그런 날 밤엔 펄떡이는 잉어를 안는 꿈을 꾸었다. 나는 자라서 강에 몸을 담그고 쏘가리나 빠가사리를 낚는 낚시꾼이 되지 않고 공중의 언어를 낚는 시인이 되었다.

장마는 수해의 흔적만 남긴 채 물러간다. 비구름이 사라진 자리에 흰 구름이 뭉게뭉게 피어오르고, 종일 잠이나 자던 고양이들도 생기를 되찾는다. 빗물 스민 벽지는 얼룩진 채 들뜨고 음습한 데에서는 곰팡이가 번진다. 다시 폭염이 시작되었다. 땡볕에 얼굴은 익고 머리카락은 불타올랐다. 염천 아래서 폐지 수거를 하던 노약자들이 온열 질병으로 쓰러졌다. 나는 반바지에 반팔 티셔츠, 운동화 차림으로 동네 도서관엘 간다. 에어컨 실외기의 팬이 돌아가는 소리가 들릴 정도로 도서관은 적막하다. 나는 한 자리에서 긴 소설을 읽는데, 해가 뉘엿뉘엿 넘어가면 도서관을 나선다. 내일도 도서관에 와서 오늘 다 읽지 못한 책을 마저 읽으리라.

무더위에 지칠 무렵 서가에서 이육사 시집을 꺼내와 읽는다. 육사는 항일투사로 서른아홉 해의 생애에서 옥살이만 열일곱 번이나 한 사람이다. 본명 이원록, 1904년 5월 18일 경상북도 안동 출생이다. 1927년 조선은행 대구지점 폭파 사건으로 대구형무소에서 옥고를 치른 뒤 무장 투쟁에 나선다. 1929년 5월,『중외일보』대구지국 기자로 근무하며, 1930년 1월 3일 「말」이란 시를 『조선일보』에 내놓으며 시인으로도 활동한다. 1932년 5월 말 펑톈奉天을 거쳐 난징南京의 조선혁명군사정치간부학교 1기생으로 입교한다. 그가 스물여덟 살 때다.

이듬해 4월, 육사는 폭탄과 탄약, 뇌관 제조법을 배운 군사정치간부학교를 졸업한 뒤 난징에 머무른다. 봄비가 잦은 이국의 도시 난징의 여관살이란 고적하고 쓸쓸했을 테다. 육사는 도서관에 가서 책을 보거나 고책사古冊肆나 고동점古董店에 드나들며 한 달 남짓을 보낸다. 난징의 한 골동점에서 비취 인장을 구해 "칠월이면 화성이 서쪽으로 흐르고"로 시작하는 『시경』의 「빈풍칠월」이란 시구를 새겨서 간직한다. 1933년 9월 10일, 상하이에서 벗들과 '최후의 만찬'을 치른 육사는 군사정지산부학교 시절 동고동락을 한 벗에게 우정의 표시로 그 인장을 건넨다.

역사학자 도진순은 『강철로 된 무지개』에서 육사의 시를 "난蘭과 검劍의 아름다운 합일"◦로 규정한다. 난과 칼의 어우러짐이라니! 육사는 「절정」에서도 "겨울은 강철로 된 무지갠가 보다"라고, 무지개와 강철같이 상호 충돌하는 두 이미지를 합일하며 매조지었다. 루쉰의 소설 「고향」을 번역

◦   도진순, 『강철로 된 무지개』(창비, 2017).

하며 소일하던 중에 '실로 천대받을 만큼 건강한 몸'에 폐결핵 균이 침윤한 걸 안 것은 1941년 늦여름이다. 경주로 요양 여행을 떠나지만 큰 병원에 가보라는 시골 의사의 권고를 받고, 서울 성모병원에 입원한다. 육사의 생은 섬광같이 빛나며 흘러간다. 1943년 6월, 동대문경찰서 형사에게 붙잡혀 베이징으로 압송당한 육사는 이듬해 1월 16일, 한겨울에 베이징의 일본총영사관 교도소에서 옥사한다.

> 내 고향 칠월은
> 청포도가 익어가는 시절
>
> 이 마을 전설이 주저리주저리 열리고
> 먼 데 하늘이 꿈꾸며 알알이 들어와 박혀
>
> 하늘 밑 푸른 바다가 가슴을 열고,
> 흰 돛단배가 곱게 밀려서 오면
>
> 내가 바라는 손님은 고달픈 몸으로
> 청포를 입고 찾아온다고 했으니
>
> 내 그를 맞아 이 포도를 따 먹으면
> 두 손은 함뿍 적셔도 좋으련

아이야 우리 식탁엔 은쟁반에
하이얀 모시 수건을 마련해 두렴

— 이육사, 「청포도」 전문

땡볕에 아스팔트가 녹고 지열로 작물은 누렇게 시든다. 초목들이 끓는 물에 데쳐낸 듯 늘어질 때 검은 구름이 몰려와 후두두 빗방울을 쏟아낸다. 습지에서 맹꽁이들이 울어댄다. 미끄러운 맹꽁이의 몸통을 쥐던 어린 손과 씻어도 가시지 않던 그 지독한 쉰내를 떠올린다. 더위와 습한 날씨 속에서도 붉은 수염을 늘어뜨린 옥수수는 통통하게 익어간다.

「청포도」는 여름에 읽을 만한 시다. 해원의 시, 목가적 희망을 담은 시, 먼 데서 오는 손님을 환대하는 염원을 담은 시다. 육사는 얼마나 고운 심성이기에 투옥과 모진 고문을 겪고도 「청포도」같이 깨끗한 시를 써냈을까? 「청포도」는 청포도, 푸른 바다, 청포 같은 청색 계열과 흰 돛단배, 은쟁반, 하이얀 모시 같은 백색 계열의 색조 대비가 선명하게 이루어지며 청량한 정서를 자아낸다. 하늘 밑 푸른 바다는 가슴을 열고 흰 돛단배는 밀려온다.

그 돛단배를 타고 오는 손님, 먼 데서 청포를 입고 오는 손님은 고달픈 몸으로 온다고 했으니, 그는 휴식이 필요한 사람이다. 손님을 맞아 청포도를 따 먹으며 두 손을 함뿍 적셔도 좋았겠다. 손발이 바지런한 아이는 손님 식탁에 은쟁반과 하이얀 모시 수건을 준비한다. 포도는 근대 이후 한반도에 들어온 외래 과일이다. 1900년 남프랑스 출신의 공베르 신부가 프랑스산 포도를 미사용으로 들여왔다. 정작 육사의 고향 안동 일대에는 포도를 재배하는 포도원이 없었다. 「청포도」의 창작 시기는 1937년 7월, 혹은 이듬해 여름쯤이다. 육사가 친구를 따라 포항의 미쯔와 포도원을 다녀온 뒤 이 시를 착상했을 거라는 추정이 유력하다.

여름이 끝나기 전에 포항에서 출항하는 엘도라도 익스프레스호를 타고 울릉도나 다녀올거나. 아니면 대관령 독일 가문비나무 숲의 서늘함 속에 몸을 숨겼다가 돌아올거나. 나는 이도 저도 다 놓친 채 텅 빈 도시나 지킨다. 점심에는 채 썬 오이를 고명으로 얹은 콩국수를 먹고, 저녁엔 애호박을 듬뿍 썰어 넣은 수제비를 먹는다. 더러는 가족과 둘러앉아 입가심으로 수박화채를 떠먹는다. 반딧불이가 군무를 추는 여름밤을 허투루 보내는 것은 아까운 일이다. 그래서 육사 시집을 꺼내와 밤늦게까지 읽는다. 매화 향기 홀로 아득하니 박토에 가난한 노래의 씨를 뿌리려던 육사! 그 노래의 씨앗들 중 몇은 싹을 틔우고 꽃을 피웠으리. 검의 기운과 난초의 청초한 향기가 어우러진 육사의 시에 경의를 표하면서 무겁고 습한 여름을 건너는 것이다.

템플스테이를 하며 보낸 여름

20대 후반 출판사 창업을 하고 30대 후반에 출판사를 접었다. 다시 글을 쓰는 자로 돌아가기 위해서였다. 글쓰기야말로 책에서 한 줌의 기쁨, 한 줌의 지혜를 구하던 자의 몫이라 믿었다. 의미의 생성에 잇대지 않은 일이란 무의미한 계기에 불과했다. 하지만 그걸 깨닫는 데 긴 시간이 필요했다.

출퇴근을 하며, 집과 회사를 오가는 '버리는 시간'이 아까웠다. 의미가 맺힐 짬도 없이 사라지는 시간에 회의를 했다. 출퇴근의 의무에서 면제된 채 책을 쓰고 그 수입으로 생계를 해결하는 건 불가능하다. 그것은 성인 열 명 중 여섯이 한 해 동안 책 한 권 읽지 않는 나라에서 가망 없는 희망이다. 그 가망 없는 일에 생을 건 스스로가 대견할 뿐이다.

황망하게 출판사를 접고 전업 작가로 살리라고 장서 2만 권을 싣고 떠났다. 밤에는 고라니가 울고, 낮엔 먼 산에서 뻐꾸기가 우는 저수지를 낀 시골 마을에 정착했다. 산과 물이 어우러진 곳에서 마음의 가난을 품고 살고자 했건만 자기 연민에서 헤어나질 못했다. 시골에 묻혀 사니, 찾는 사람도 원고 청탁도 끊겼다. 살림은 팍팍하고, 연애는 깨졌다. 노자의 『도덕경』이나 선禪과 위빠싸나 명상 자료를 읽으면서 지옥 같은 마음을 달래던 그 무렵 템플스테이를 떠났다. 한 잡지에서 템플스테이 체험기를 적어달라는 청탁을 받았다. 절에 연락을 해서 준비물을 물었는데 스님은 빈손으로 오라고 한다. 책이나 노트북도 갖고 오지 말고 빈몸만 내려오시라!

 템플스테이를 위해 찾은 절은 산속에 있었다. 이름만 대면 알 만한 유명 사찰이다. 단청은 낡아 색깔은 바래졌으나 대웅전 앞마당은 비질을 했는지 깨끗하다. 절집 옷으로 환복하고 템플스테이에 관한 주의 사항을 들었다. 주로 공양, 묵언 수행, 새벽 예불에 관한 것이다. 젊은 스님은 "이참에 마음을 비워보시죠." 하며 미소를 짓고 사라진다. 나는 비운다는 것은 무엇일까를 생각한다. 템플스테이는 출가자와 같은 방식으로 살아보는 것이다. 말을 끊고 문자를 읽는 행위도 멈춘다. 찰나에 의식을 집중하고 숨은 나를 만나기 위함이다. 내가 안내된 방은 넓었다. 텅 빈 방! 텔레비전이나 퍼스널 컴퓨터 따위는 없었다. 오로지 비어 있음으로 넓구나, 하는 생각이 스친다. 서창으로 뉘엿뉘엿 지는 해그림자가 들 때까지 무념무상으로 벽을 마주한 채 가부좌를 하고 있었다. 잡념이 밀물로 흘러왔다가 썰물로 빠져나갔다.

저녁 공양 시각에 맞춰 가부좌를 풀고 식당으로 향한다.

가난의 누추함에서 벗어나 고전음악이나 들으며 안락하게 살고 싶었다. 출판사업은 잘 풀려나갔다. 내 안에는 불행과 결핍이 있었다. 나는 행복하지 않았다. 내 애초의 계획은 간소한 삶, 잉여를 배제한 삶, 궁극의 필요에 부응하는 것이지만 그건 요원했다. 물질들에 휩싸인 채 자꾸 필요치도 않은 잉여를 좇는 스스로가 가여웠다. 지팡이와 흙으로 빚은 물컵 하나를 갖고 떠돌던 고대 그리스의 철학자 디오게네스같이 살지 못했다. 담요와 베개 하나, 숟가락과 밥그릇, 면양말과 속옷, 신발 한 켤레로 자족하려는 마음을 어지러운 욕망이 흩트려 놓았다. 늘 넘치는 물건들에 치인 채로 살았다. 다 삶의 필요에 부응하지만 사실은 없어도 되는 것들이다.

나는 무엇일까? 새도 네 발로 기는 동물도 공중에서 붕붕거리는 말벌도 아니다. 맨드라미도 아니고 나무도 아니다. 나는 아무것도 아닌 것이다. 너른 방에서 마주한 것은 '나'라는 백일몽, 혹은 집착과 욕심의 덩어리다. 어둠은 존재의 시원이다. 생명 가진 개체는 어둠에서 나와 살다가 다시 어둠으로 가뭇없이 사라질 테다. 우리는 어둠과 어둠 사이에 반짝하고 빛나다가 사라질 무無다. '나'라는 존재는 한 줌의 빛과 어둠, 공기로 지어진 소슬한 집 한 채일 뿐! 애초에 없던 그 무엇, 숨 쉬고 활동하는 무, 순환과 혼합을 하던 삶을 멈추면 아무것도 아닌 것으로 환원하는 무!

    템플스테이에 온 며칠 뒤 숲속에 들어가 아름드리나무를 끌어안는다. 여름 숲은 녹색 향연이 한창이다. 숲속 공기는 차가웠고, 공기를 흔드는 건 새소리와 바람소리뿐. 숲속에서는 기분이 좋아진다. 나무들의 기운을 받으며 삶의 생기를 되찾는 까닭에서다. 여름 숲속은 울울창창한 수목들로 깊고 어둡다. 나무들은 산소를 뿜어내며 바람이 불 때마다 연신 살랑거린다. 나무들이 그렇게 우리에게 말을 건넨다. 나는 아름드리나무를 끌어안은 채 들숨과 날숨에 의식을 집중한다. 닫힌 백회혈이 열리는 느낌. 그 백회혈을 타고 낯선 기운이 쏟아져 들어온다.

    그해 여름 며칠을 절에서 보내는 동안 고요했다. 템플스테이는 쉼, 멈춤, 자기 회복의 기회이자 피폐한 몸과 마음을 일으켜 세우고 다시 살려는 의지를 만드는 일이다. 누군가를 사랑했던가? 아마 그랬을 테다. 사람이 사랑 없이 살 수 있겠는가? 여름이 돌아오고 마음이 시끄러우니, 갈애와 목마름들이 소용돌이친다. 그것들이 나를 괴롭히는 번민의 씨앗들이다. 템플스테이를 하며 들끓는 마음을 고요하게 정화해 주던 그 절집이 그리워진다. 절집 숲속은 생명 기운으로 가득 차고, 매미들은 진종일 울어댈 테다.

대학 기숙사에 머물며 글쓰기

여름이 끝날 무렵 어둠이 날개를 펼친 숲은 풀벌레 울음소리로 가득 찬다. 크고 둥근 달 아래 지상은 온통 풀벌레 소리의 향연이다. 돌 위에 엉덩이를 붙이고 앉아 별똥별 무엇이 흘러가는 밤하늘을 올려다본다. 미국 항공우주국이 목성과 토성 탐사를 위해 1977년에 쏘아 올린 보이저 2호를 상상한다. 그리고 아틈나운 내세 따위는 없다,라고 혼잣말을 중얼거린다. 무인 우주선 보이저 2호가 비행 중인데, 2018년에 태양계를 이탈해 성간 우주로 들어서고, 2030년경엔 에너지원인 플루토늄이 바닥난다고 한다. 보이저 2호가 우주의 미아로 떠도는 동안 녹색 행성에서는 먼저 온 인류는 죽고 새로 태어난 어린 인류가 죽은 자를 대체한다.

여름 폭염이 아무리 끔찍해도 동네 황태해장국집은 문을 열고, 동사무소에서는 공무원들이 주민등록증 같은 서류를 발급하고, 우체부는 우편물을 배달한다. 어느 집에선가 아기들이 태어나고, 누군가는 말기암 판정을 받고 낯색이

어두워진다. 필리핀 여성들이 가사도우미로 일하러 입국한다. 음주운전을 한 유명 가수는 구속되었다. 첫 태풍 종다리는 북상하다가 뭍에 상륙하며 위력을 잃는다. 태풍 종다리가 지날 때 파주에는 약한 비가 뿌렸다. 국회 청문회에 나온 장관 지명자들은 무덤덤하고 권태로웠다. 손톱과 발톱은 날마다 조금씩 자란다. 이 일들이 일상범백사 중 아주 작은 일부다.

여름이 오면 강원도의 한 대학 캠퍼스 기숙사에 책을 쓰러 들어갔다. 대학 캠퍼스는 소나무, 전나무, 주목, 구상나무, 가문비나무, 잣나무, 눈잣나무, 솔송나무, 갈참나무, 단풍나무 따위가 울창한 한반도 중부의 수목 생태계를 품은 산자락 아래에 있다. 캠퍼스 안에는 대학 본부, 학과별 강의동들, 기숙사동, 오리들이 떠 있는 호수, 에어컨이 찬 공기를 뿜는 도서관, 스포츠 센터, 우체국과 서점, 학생 식당 따위가 있다. 학생들이 기숙사를 떠나는 여름방학 때 비어 있는 기숙사를 외부에 개방하는 것이다. 나는 책 몇 권과 소형 오디오 기기를 싣고 기숙사에 입주한다. 한밤중 복도 바깥은 어두웠다. 유리창에는 비현실적으로 큰 나방들이 달라붙는다. 새벽에는 되새, 곤줄박이, 쇠찌르레기, 노랑때까치, 솔잣새, 멧비둘기 같은 새들이 지저귀는 소리가 시끄러웠다. 알람 시계처럼 새소리가 시끄러울 때 침대에서 일어나 공동 주방에서 커피 한 잔과 토스트를 구워 요기를 하고 정오까지 책상에 고개를 박은 채 글을 썼다.

나는 미적분 문제를 푸는 사람처럼 집중해서 키보드를 두드린다. 머릿속 문장을 입력할 때 키보드라는 기물과 물아일체가 되는 기분이 든다. 키보드 소음마저 즐거운 노랫소리로 들린다. 사방에 일광이 번쩍일 때 숲의 그늘에는 은화식물들이 자란다. 정오 무렵 교직원 식당에서 점심 식사를 마친 뒤에는 매미 울음소리가 요란한 임간도로를 걷는다. 오후 느지막이 스포츠 센터 수영장에서 햇빛이 일렁이는 수면을 가르며 수영을 한다. 해 질 무렵엔 운동장 스탠드에 앉아서 학생들이 땀방울을 뿌리며 공 차는 걸 구경한다. 밤의 운동장 조명등 아래로는 나방과 날벌레들이 날아와 붕붕거린다. 그 밖의 시간은 기숙사 숙소에서 글을 쓴다. 대학 기숙사는 고요하고, 하루 일과는 단조롭다. 그곳에서 여름나기를 하던 시절이 그리운 추억으로 남았다. 대학에서 기숙사를 개방하지 않기로 방침을 바꾸면서 대학 기숙사에 머물며 글을 쓰던 시절은 막을 내렸다.

대학 기숙사에 머물 때 이른 새벽 라흐마니노프의 피아노 협주곡을 자주 들었다. 한낮에 더위를 피해 기숙사 뒤편 임간도로를 걷거나 스포츠 센터의 수영장에서 물을 가르며 수영을 하던 시간들은 사라졌다. 기숙사의 일인용 침대에서 뒹굴며 보낸 무심한 오후들, 대학 도서관에서 종일 코를 박고 책들을 지치지 않고 읽어내던 날들은 다시는 돌아오지 않을 테다. 그해 여름은 빨리 끝났다. 교직원 식당에서 밥을 먹고, 대학 도서관에서 책을 한 아름이나 빌려와 읽던 여름, 돌아보니, 뭐, 심오한 것을 쓴 건 아니지만 소소한 기쁨과 보람과 작은 성취감마저 없던 것은 아니었다.

한여름의 숲속 길을 걸으며 내가 환대받는 존재구나, 라는 생각에 잠시나마 마음이 환해졌다. 운동화 끈을 동여매고 반바지 차림으로 임간도로를 달리던 그 시절이 내 인생의 화양연화였음을 깨닫지 못한 채 흘려보낸 건 아쉽다. 그 시절을 돌이켜 보니 마음 한쪽에 서늘하고 투명한 쓸쓸함이 차오른다. 몇 번의 여름이 지나가고, 다시 새로운 여름이 돌아온다. 눈부신 일광과 매미 울음소리가 어우러지던 대학 기숙사에서 자발적 고립에 처하며 글을 쓰던 날들이 속절없이 그리워진다.

가을의 기척

달군 오븐 같던 대기가 식으니 잃었던 입맛이 돌아온다. 베개에 머리를 뉘자마자 숙면에 들었다가 아침 녘에 기지개를 켜며 일어난다. 가을이 오는 기척! 좋은 일이 있을 것만 같은 낙관적인 기분이 든다. 벚나무 잎에 반쯤 단풍이 든다.

우리는 계절의 척후병인 나무들과 함께 살아가지만 나무들이 잎맥과 미립자를 가진, 호흡하고 제 나름의 신경계를 가진 생명 개체라는 사실을 잊는다. 수목들은 빛으로 광합성을 하며 성장한다. 숨 쉬고 바스락거리며 수런거리는 나무들! 키 큰 나무의 가지들과 무성한 잎이 태양빛을 차단하는 까닭에 숲속 공기는 바깥보다 차다. 숲속 초목의 땅속 뿌리는 복잡하게 엉킨 채 공생한다. 나무들은 인간보다 더 사회화된 존재인지도 모른다. 나무는 뿌리는 뿌리대로, 줄기와 가지는 그것대로 엮이고 얽힌 채로 공생한다. 교하도 서관과 중앙공원을 잇는 숲길을 걷다가 상수리나무와 굴참나무들의 빽빽한 가지 사이로 비쳐 드는 빛에 큰 감동을 받는다. 숲길에는 도토리가 뒹굴고, 내 부주의한 발밑에서 밟힌 도토리는 여지없이 으깨진다.

여름의 빛이 거둬지자 빛과 그림자의 경계는 옅어진다. 내 발아래 그림자가 지고, 직립한 나무 아래에도 그림자가 드리운다. 낙엽이 활엽수의 그림자라면 타고 남은 재는 장작불의 그림자다. 그림자는 음의 세계가 빚은 빛의 주검이고 침전물이자 잔류물이다. 실체가 존재한다는 물증이라는 점에서 그림자와 실체의 운명은 하나다. 죽음은 생명이 제 안에 숨긴 그림자일 것이다.

당신과 나는 숲의 자식들이다. 우리 선조는 열매와 씨앗, 뿌리를 채취해 식량으로 삼고, 숲에서 잠자리를 구했다. 숲은 삶의 터전이고, 의문의 여지 없이 운명을 빚는 원소 중 하나였다. 생명의 필요와 욕망을 충족하며 숲과 공생하는 한에서 인류는 숲의 피부양 가족이다. 숲과 인류는 한 어머니 몸에서 나온 형제다. 인류학자 팀 잉골드는 나무에서 인간 몸의 형상을 본다. 이를테면 허공으로 뻗어나간 나뭇가지와 얽힌 뿌리에서 폐와 무언가를 흡입하는 입 같은 형상을 본다. 나무들은 저희끼리 신호를 보내며 상호 소통을 한다. 우리는 형제이건만 나무의 말을 알지 못한다. 우리는 무지몽매함 탓에 형제를 베고 몸통을 자르며 쓸모가 덜한 뿌리와 잔가지를 불사른다.

숲을 토벌하고 빈 땅을 거주지나 경작지로 바꾼 건 인

간이 제 양육자인 어머니 숲을 살해하는 악행이다. 우리는 한 점의 죄의식도 없이 지구 자원을 퍼 쓰고 지구 생태계를 망가뜨렸다. 팬데믹 초기 이동을 제한하고 봉쇄하자 자연은 회복력을 보여주었다. 대기와 물은 본디의 깨끗함을 되찾고 야생동물이 도심에 출몰한다. 인간이 멈추자 자연 생태계와 동물 서식지에 놀라운 변화가 일어난 것이다. 인간이 자연을 파괴하는 유해종이라는 낙인을 벗으려면 우리 생명의 반려인 자연과 이타적 우정을 쌓고, 숲과 인간이 생명 공동체 안에서 공존하는 지혜를 실천해야 한다. 고즈넉한 숲길을 걸으며 비로소 디지털 기기의 소음과 예속에서 풀려난다. 산책은 홀가분한 자유를 만끽하며 사색에 몰입할 수 있는 기회다. 걷는 동안 불안과 두려움이 잦아들고, 고요한 사색 끝에서 문득 우리가 수복 인간이라는 걸 깨닫는다.

　　해수욕장 시설들이 여름 장사를 마치고 철시를 할 무렵 팔뚝이 그을린 채 피서지에서 돌아온 우리는 바짓단의 모래 알갱이를 털어내며, 아, 올여름 더위는 정말 대단했어,라고 중얼거린다. 백화점에는 가을 신상품들이 전시된다. 속옷이 젖은 채 깨어나던 며칠 전과는 공기가 완연하게 바뀌었다. 폭염과 열대야로 살이 빠졌던 터라 허리띠가 헐렁해졌다.

　　가을은 먼 데서 와서 마음의 쓸쓸한 가장자리에 머문다. 풀숲에서는 여치나 귀뚜라미 같은 풀벌레 울음소리가 쓸쓸하다. 새벽에 일어나면 고양이들은 먼저 일어나 거실

한쪽에 놓인 제 밥그릇 앞에서 건식 사료를 기다리고 있다. 아내는 늦게까지 일을 하다가 잠이 든 탓에 늦게 일어난다. 아내가 발레 교습소에 나간 뒤 나는 빨랫감을 세탁기에 넣고 고양이들의 모래에 묻은 똥과 오줌을 치운다.

리 오스카의 하모니카 연주곡을 틀어놓고 칼릴 지브란의 시집을 읽는다. 동네 미용실에 가서 여름내 기른 머리칼을 자른다. 오후 늦게 강까지 걸어갔다가 돌아왔는데, 강은 푸르렀고 구름은 느리게 흘러간다. 말똥 냄새가 풍기는 가을 저녁에는 쓸쓸한 기분들이 서성이다가 사라진다. 구석에 흰 그늘이 빛날 때 황혼은 잘 구운 빵 같다. 어두워진 하늘에는 낯선 별 몇 점이 떠오른다. 왜 환절기마다 피가 고요해지고 쓸쓸함이 붐비는 걸까?

식욕이 돌아오면 옛 동네의 단골 청요릿집에서 먹던 동파육이 떠오른다. 화교 일가가 꾸리던 중화요릿집 동파육 맛이 기막히게 좋았다. 어쩌면 화교 일가는 대만으로 돌아갔을지도 몰라. 옛날은 돌아갈 수 없는 시간이다. 소년 시절엔 법과 공중도덕을 잘 지키고 싶었다. 사람들은 지금보다 친절하고, 동백꽃은 더 붉었으며, 누이들은 까르르 잘 웃었다. 나는 착한 사람이 되고 싶었다. 어머니와 아버지 두 분은 생업에 바쁘고, 어린 누이들이 저녁밥을 지었다. 늘 다정한 벗들이 넘쳤는데, 그 많던 벗들은 다 어디로 갔을까?

어느 해 가을 산간 지방의 한 휴양 시설에 머물렀는데,

새벽 산책길에서 무언가 길바닥을 새까맣게 덮고 있는 걸 보았다. 기이한 광경이었다. 가까이 다가가서 보니, 죽은 매미 떼였다. 이슬에 젖은 날개를 파닥이는 매미들, 꿈쩍도 않는 매미들……. 갑자기 떨어진 기온 탓에 매미들은 떼죽음을 맞은 것이다. 산 것의 운명은 저와 다르지 않을 것이라 생각했다. 어머니와 아버지가 떠나신 지도 오래되었다. 가을엔 웃자란 수염을 면도한 뒤 새 옷으로 갈아입고 두 분을 모신 납골당이라도 다녀와야겠다. 아무리 바빠도 그럴 시간은 낼 수 있겠지.

무심코 찬물에 손을 담그다가 소름이 돋아 어, 추워,라고 비명을 지를지도 모른다. 천지간에는 쇠락과 소멸의 예감이 가득 찬다. 한해살이풀들은 시들고 꽃대는 마른 채 서걱거린다. 씨앗을 떨군 한해살이풀은 혹한을 견뎌내야 다시 여린 잎을 피워내고 꽃망울을 맺을 테다. 미처 거두지 못한 배추들이 얼었다가 물러서 땅에 달라붙는다. 어린 고라니들은 태어나서 처음 맞는 추위에 잔뜩 겁을 먹는다.

당신은 쇠기러기 나는 북녘 하늘을 보며 누군가를 그리워할까? 어디선가 낮닭이 울고, 맨드라미가 빨간 볏을 세운다. 지금 당신은 어디에서 살까? 소소한 얘기에도 큰 웃음을 터뜨리던 당신의 안부도 모른 채 태평하게 사는 건 옳지 않다. 나이를 먹는 동안 자주 이사를 다녔다. 돌보지 않은 우정의 끈들은 차츰 헐거워진다. 애인을 돌볼 새도 없이 사느라 바빴다. 나는 잘못 살고 있는 게 분명하다.

　겨울이 오기 전에 가구의 위치를 바꾸고 옷과 쌓인 책들은 정리한다. 옷장에는 입지 않은 옷이 태반이다. 하루치 양식, 신발 한 켤레, 옷 몇 벌, 책 몇 권이면 충분한 것을 너무 많은 것을 끌어안은 채 살았다. 쓰임이 불분명한 물건을 못 버린 건 욕심 탓이다. 나중에 쓸 데가 있겠지,라며 쟁여둔 물건은 결국은 짐으로 변한다. 적게 소유하고 간소한 방식으로 살자.

　가을의 기척을 먼저 알아차린 자에게 기쁨을 양보하자. 가을밤엔 소매가 긴 셔츠를 입고, 젊은 거장 임윤찬의 연주로 라흐마니노프 피아노 협주곡 3번 전곡을 듣겠다. 과연 음악을 들을 시간은 있을까? 오, 청년 시절처럼 밤을 새우며 음악을 들을 수가 있을까? 음악이 주는 기쁨을 오롯하게 받아들이며 심신에 활력을 불어넣자. 지금 그보다 더 필요한 일은 없겠지. 올가을엔 더 자주 강을 찾고, 소식 끊긴 벗들에게 밥이나 한 끼 먹자고 연락을 해볼거나.

　저 광활한 우주에서 날아온 별똥별이 공중에 빗금을 그으며 반짝하고 타오르다가 꺼진다. 전기 누전으로 불꽃이 튀듯 찰나로 반짝하다 이내 사라지는 것, 그게 우리 생이 아닌가?

　지방에 강연을 갔을 때였다. 강연이 끝난 뒤 한 청년이 쭈뼛거리며 다가와 내게 물었다. 청년의 얼굴은 꽤나 진지

했다. 선생님, 어떻게 살아야 할까요? 이 난감한 물음을 앞에 두고 얘기를 나눌 만한 시간은 없었다. 우리는 훗날을 기약하고 헤어졌다. 그 뒤로 청년을 만날 기회는 없었다. 그때 나는 청년에게 뭐라고 말을 했어야 할까? 나는 혼잣말로 중얼거렸던 것 같다. 당신이 갈망하는 것을 거머쥘 수 없다면 오직 가질 수 있는 것과 이미 갖고 있는 것들만을 갈망하라! 뜨겁게 갈망하고 죽을 듯이 살아라! 생명을 불태우며 사는 것, 이것이 생의 숭고한 명령이다. 시행착오와 실패를 겪더라도 포기하지 마라. 오, 가을에는 시작보다 끝이 더 많아진다. 더는 방황하느라 낭비하기엔 가을의 시간은 너무 짧다.

죽고 싶을 만큼
살아봐야겠다

찬 기운이 몰려오며 도처에 쓸쓸함과 고적함이 번성한다. 처서가 지나면서 마음은 쓸데없이 바빠진다. 나는 뭔가에 쫓기는 듯 불안한 내 마음을 견디는 게 불편하다. 그건 가을이 가기 전에 가을의 일을 끝내야 한다는 생각 때문이다. 이 가을은 두 번 반복하지 않을 것이므로. 밤은 저만치에서 아가리를 벌리고 있다. 우리는 저 아가리를 향해 걸어간다. 생자필멸生者必滅이란 진리 안에서 죽음은 마른 잎처럼 바삭거린다. 우리는 가을에 쇠락하는 것들을 바라보며 근엄한 진리 한 조각을 취할 수가 있을까?

    올여름엔 바다를 한 번도 다녀오지 못했다. 덧없이 떠나보낸 여름에 대한 가느다란 비애가 스며든다. 여름 해수욕장에 붐비던 피서 인파들이 떠난 바닷가는 적막하다. 해변으로 산책 나온 이들과 개의 그림자들이 드리워진다. 잘 가라, 여름아! 밤에도 울어대던 매미들아, 사는 곳이 달라 멀어진 옛 벗들아, 수박과 복숭아와 찐 감자와 옥수수들아,

너희들에게 전별 인사를 보낸다.

엊저녁 아내와 동네 카페에 나갔다가 돌아오는데, 밤공기가 냉장고에서 꺼낸 레몬처럼 선선했다. 소택지의 웃자란 풀숲에서 들려오는 풀벌레의 울음소리는 데시벨이 높았다. 찌르르르르. 찌르르르르. 저것은 계절의 순환을 찬양하는 풀벌레의 합창이다. 풀벌레들은 돈 한 푼 받지 않고 재능 기부를 한다고, 아내에게 실없는 농담을 건넨다. 풀벌레 울음소리에는 여름의 쇠잔함과 쓸쓸함이 묻어난다.

처서를 지나면서 여름의 기세는 눈에 띄게 꺾였다. 새벽녘 찬 기운에 팔뚝에 오소소 소름이 돋아 이불을 끌어다 덮는다. 이 계절은 벗들과 음식을 나누며 술잔을 높이 들고 흥겨워할 때가 아니다. 우리는 혼자 머물며 숙고의 시간을 가져야 한다. 지금은 침잠의 계절, 기도의 계절, 은둔의 계절이다. 누군가는 수도원에서 묵상과 기도로 충만한 시간을 가질 테다. 올해 등지고 떠난 벗은 몇인가? 내 잘못으로 깨진 약속은 없었는가? 무심코 뱉은 말로 남에게 상처를 준 일은 없었는가?

열일곱 살에 바다의 실물과 처음 만났다. 고추냉이를 찍어 생선 날것을 혀에 얹은 것도 첫 경험이다. 그 여름을 나는 죽변 포구에서 보냈다. 포구의 한적한 거리에는 철 지난 영화를 상영하는 극장이 있었고, 주인 없는 개들이 어슬렁거렸다. 포구 안쪽으로 생선 비린내 진동하는 어판장이 있고, 정박한 채 잔물결에 흔들리는 오징어잡이 배들이 있었다. 오징어잡이 배들은 먼 바다에서 밤샘 조업을 하고 새벽에 돌아온다. 여름의 끝자락에 태풍이 덮쳤다. 바다는 짐승처럼 제 몸을 뒤채며 으르렁거렸다. 강풍에 극장 간판이 날아가고 가로수가 뽑힌 채 길바닥에 나뒹굴었다.

나는 방파제 너머로 포말을 날리며 포효하는 파도를 지켜보았다. 오직 자신의 자비, 자신의 힘만으로 스스로를 다스리는 저 바다, 인간 따위는 언제라도 삼켜버릴 저 바다, 천지개벽 아래 끝나지 않는 전쟁을 벌이는 저 바다! 이튿날 파란 하늘 아래 바다는 믿을 수 없을 만큼 잔잔했다. 나는 바다의 변신에 놀라고, 내 안의 비겁과 위악, 허약함을 들킨 듯 부끄러웠다. 다시 살아봐야겠다! 나는 집으로 돌아와 실업계 고등학교를 중퇴하고 시립도서관을 다니며 책을 읽었다.

30대 후반, 제주도에서 망망대해와 마주하던 시절이 있었다. 여러 열망들이 한꺼번에 꺾인 채 망연자실하던 시절, 수평선을 조망하는 게 소일거리였던 시절이다. 이마에 걸리는 수평선은 바다의 끝에 가로누운 푸른 일획이다. 보는 자와 바라보임의 대상 사이에는 늘 긴장이 있다. 망망대해는 일체 절멸의 순간을 떠올리게 한다. 물의 질감과 깊이를 삼킨 수평선은 현실과 비현실의 사이를, 합목적성의 현실과 피안의 경계를 나눈다. 수평선에서 본 것은 부재의 현존이다. 수평선은 난간이고 죽음, 피안, 도무지 알 수 없는 영원이다. 수평선을 바라본 자는 아무것도 자기 소유로 거머쥘 수 없음을 깨닫는다. 수평선은 다만 그 자리에서 의연할 뿐이다.

먼 바다로 나아갔던 사람들이 다시 해변으로 돌아온다. 바다에서 헤엄을 치다가 서늘해진 몸으로 나오면 백사장에는 햇살이 들끓는다. 일광욕을 하면 마른 팔뚝에 하얀 소금들이 남는다. 젊은이들과 아이들의 웃음소리가 끊이지 않는 바다에서 우리는 눈에 보이지 않는 저 너머를 꿈꾼다. 누구도 가본 적이 없는 저 너머는 율도국, 무릉도원, 유토피아, 샹그릴라 같은 곳이다. 보이지 않음으로 가닿을 수 없는 그 먼 곳들은 늘 동경의 대상이었다. 현실은 수고와 시련의 장소, 치욕과 환멸의 장소다. 그 현실에 굴욕을 당하고 진절머리를 치는 자들은 늘 저 너머를 꿈꾼다.

세계라는 바다에서 나는 외로운 섬이다. 바다와 첫 조우를 한 뒤 여러 바다를 떠돌았다. 제주도의 협재 바다, 속초항에서 출항해 이튿날 새벽에야 마주한 금강산 앞바다, 크레타섬을 감싼 지중해, 산토리니섬의 일몰을 품은 바다, 오디세우스가 고향으로 귀환하려고 싸우던 악마의 바다, 쿠바 아바나의 그토록 푸른 카리브해! 젊은 시절 폴 발레리가 제 고향 세트 언덕 아래 바다를 회상하며 쓴 「해변의 묘지」를 외웠다.

비둘기들 노니는 저 고요한 지붕은
철썩인다. 소나무들 사이에서, 무덤들 사이에서.
올바른 자 정오가 여기에서 불꽃을 짠다.

지금도 그 첫 구절을 떠올리면 심장이 뛴다. 바다를 향한 연모 때문이리라. 오랫동안 나의 바다는 비루한 삶을 품은 낡고 진부한 세계와 저 너머 이상향 사이에서 영원히 출렁이었다. 다시 여름이 가고, 계절과 계절 사이에서 새로운 바람이 인다. 다시 살아봐야겠다!

가을과 고양이

연신 바쁘다고 중얼거리던 당신은 가을의 일들을 다 끝냈는가? 곧 진눈깨비 내리치고 밤은 어둡고 길게 머물 것이다. 폭설이 퍼붓는 밤엔 눈구름에 가려서 별들이 안 보인다. 그 밤에 야생동물들이 먹잇감을 구하려고 인가까지 내려온다. 추위로 오소소 팔뚝에 소름이 돋는 겨울 아침, 하얀 눈밭에 상형문자처럼 찍힌 너구리와 오소리들의 발자국들이 남아 있을 테다.

낮은 점점 짧아지고 그림자는 길어질 때 기쁨은 줄고 우울감은 깊어진다. 그 무렵 파주 들녘에는 월동을 위해 날아온 독수리 떼와 재두루미들이 내려앉아 모이를 쫀다. 청명한 하늘에 쇠기러기 떼가 V자로 대오를 지어 나는데, 나는 왜 자꾸 쓸쓸해지는가? 우울과 불안은 우리가 혈거 시대 인류의 후손이기 때문이다. 내 무의식에 혹한의 공포가 선험 기억으로 달라붙는다.

누군가 어깨를 무심히 툭 친다. 돌아보니, 손바닥만 한

오동나무 잎이다. 느티나무 아래에는 낙엽이 수북하다. 조락과 침잠의 계절은 돌이킬 수 없을 만큼 깊어간다. 늦가을엔 어머니가 배추 쉰 포기를 소금물에 절이고 속을 채워 김장을 담갔다. 우리 형제자매들이 먹을 겨울 양식이다. 어머니는 종일 수고한 뒤 해 질 무렵 뻐근한 허리를 펴고 하늘을 올려다본다. 눈이 오려나 보다. 어머니는 혼잣말을 했는데, 그 말에는 자신의 수고에 보내는 위로의 뜻이 담겼다. 어머니가 돌아가신 뒤 김장을 담그지 않는다. 연례행사인 김장 담그는 풍속도 점차 사라지는 추세다. 삶의 보람과 기쁨을 주던 풍속이 사라지고 허전함은 커진다.

소설의 실마리가 풀리지 않는다고 아내는 쓰던 원고를 챙겨 집을 떠났다. 바닷가 레지던스 공간에 머물며 소설 초고를 마무리하고 돌아올 것이다. 고양이 두 마리의 돌봄은 내 몫이다. 새벽 네다섯 시에 배고프다고 보채는 고양이에게 사료를 덜어주고 모래 속 고양이 배설물을 치운다. 고양이들이 끼니를 해결했으니 나도 아침 식사를 위해 전기밥솥에 쌀을 씻어 안친다. 사과 한 알과 아침밥을 먹고 빈 그릇을 씻는다.

한 사람이 없을 뿐인데 집 안이 텅 빈 듯 허전하다. 서재에서 원고를 퇴고할 때 고양이들은 창밖에서 우짖는 곤줄박이나 까치를 응시하며 연신 채터링을 한다. 채터링은 이빨을 딱딱 부딪치고 찍찍거리며 새소리를 흉내 내는 고양이의 습성이다. 고양이는 새들을 응시하며 안절부절하지 못한다. 고양이가 그토록 집중력을 발휘하는 것은 제 안에 숨은 야성의 습관에 반응한다는 증거다.

고양이들은 저희 생존에 필요한 모든 것을 집사에게 떠넘긴다. 집사들은 그 모든 수고를 기꺼이 받아들인다. 우리는 고양이의 사료와 모래, 치료비를 벌려고 부지런히 일을 한다. 고양이들은 우리에게 약간의 애교와 친밀감을 베풀 뿐이다. 집사들은 고양이가 베푸는 약간의 애교에 고마워할 따름이다. 종일 햇볕 드는 창가 소파에서 졸거나 그루밍에 열중하는 고양이들이라니!

고양이의 식탐은 가을철에 폭발한다. 여름보다 더 먹고 오래 잔다. 털이 촘촘해지고 살은 통통하게 오르는 것은 혹한을 견디기 위함이리라. 송일 낮잠을 즐기는 고양이들은 곤궁 따위는 근심하지 않는다. 근심은 인간의 몫이다. 고양이들에게 『논어』나 『니코마코스 윤리학』을 읽으라고 다그칠 필요가 없다. 평생 과업이나 달성해야 할 성과가 없으니 고양이들은 몸통을 동그랗게 말고 달콤한 낮잠에 빠질 뿐이다. 빈둥거리고 싶지만, 어쩌나, 우리에겐 그런 자유를 누릴 권리가 없다. 긴 쨤과 한가로움, 관조의 여유는 고양이들만 누릴 수 있는 사치인 것이다.

고양이에게 잠은 행복을 부르는 수단이다. 동물은 제 안전이 담보될 때만 안심하고 잠든다. 고양이들은 우리의 우정과 제 안전이 지속되리라는 신념 안에서만 우리를 받아들인다. 고양이들의 자족과 여유, 매혹은 감탄할 만하다. 과연 고양이는 "내적 삶의 지속되는 선율"(베르그송)을 품은 존재인가? 이 생물에겐 고요와 무위는 본성일 테다. 수고하고 근심하기를 멈출 줄 모르는 동물의 일원인 인간의 눈에 고양이들은 얼마나 경이로운가!

하루치의 글쓰기를 마친 뒤 오후엔 갈참나무들이 꽉 찬 교하의 숲속을 걷는다. 나뭇가지 사이로 비쳐 드는 가을 양광이 붉은 단풍을 투명하게 꿰뚫어 비춘다. 파란 천공을 머리에 이고 대지를 힘차게 디디며 나아가는 직립보행은 무용하면서도 찬란하다. 젊을 땐 파랑새를 찾아 헤맸으나 그게 우리 손에 쥐어진 걸 몰랐다. 인생은 뒤돌아볼 때 이해되는 것이지만 인간은 앞을 향해 나아가는 존재다.

당신의 슬픔과 고독은 우리의 마지막 양식이다. 웃어라, 세상이 당신과 함께 웃으리라. 항상 살아 있음을 감사하며 노래하라. 모란과 작약의 꽃을 볼 수 있는 눈을 가진 것, 사랑하는 이의 어깨에 두를 팔을 가졌다는 것, 이 녹색별에서 벗을 두고 우정을 나누었던 것, 잃은 것도 있지만 얻은 것도 있다는 걸 잊지 말라.

봄에 핀 것은 기어코 지고 가을의 열매들은 바닥으로 추락한다. 가을엔 추락하는 것들이 내는 소리에 귀를 기울인다. 그 찰나 생명의 찬란함은 오롯해진다. 산책에서 돌아오면 거실엔 어둠이 고즈넉하다. 등을 켠다. 거실은 밝아진다. 고양이의 빈 그릇에 저녁 사료를 챙기고, 고양이들이 사료를 먹는 동안에 나도 밥 반 공기와 아삭한 김치 한 보시기, 구운 김으로 식사를 마친다. 식사를 마치고 잠자리에 들 때까지 침묵의 형제들인 고양이들과 말을 나누는 법은 없다. 베란다 건조대에 널었던 빨래는 잘 말랐다. 소등을 하니, 거실엔 어둠과 고요가 들어찬다. 눈치 빠른 고양이들은 잘 때라는 걸 알아차린다. 심심하고 충만한 가을의 하루는 아무 일도 일어나지 않은 채 그렇게 저문다.

겨울의 들머리에서

내와 강이 결빙하고, 삭풍은 빈 나뭇가지를 붙들고 운다. 두터운 옷으로 몸을 감싸고 일몰을 보러 임진강 변으로 나선다. 막힌 데 없이 툭 터진 평지라 바람이 세다. 파주 일대의 습지는 몽골에서 월동을 위해 날아온 독수리 도래지다. 강 이쪽은 평야, 강 너머는 북녘이다. 북녘의 물은 흘러서 평야와 북쪽 마을 사이를 돌아 서해 쪽으로 나간다. 한 해가 저무는 때, 이젠 외부의 지혜보다 내 안의 목소리를 경청할 시간이다.

시간이여, 흘러라! 한 해는 끝나간다. 세밑은 분주해도 멈추고 스스로를 돌아볼 때다. 우리가 산 어느 하루도 똑같지 않다. 그 다른 하루들이 모여 인생이 된다. 살아보니, 돈이나 명예, 출세 따위를 인생 목적으로 삼아서는 안 된다. 참다운 생은 의미를 찾는 여정이다. 불행한 사람은 병을 앓거나 실직한 사람도, 실연한 사람도 아니다. 삶의 경이를 경험하지 못한 채 밋밋하게 사는 사람이 불행하다. 이들은 줄

없는 기타를 연주하는 사람이고, 과녁을 겨냥해 화살 없이 활시위를 당기는 사람이다.

강원 산간에선 첫눈과 첫 결빙 소식이 잇따른다. 아직 파주 산기슭엔 구절초꽃들이 바람에 살랑이고 가을 막바지 빛이 쓸쓸하고 찬란하다. 어느 날 헤르만 헤세의 책에서 읽은 "늙어가면서 사람들은 봄을 점점 더 두려워하는 반면 가을을 더 좋아한다"라는 구절이 떠오른다. 가을을 좋아하는 건 나이가 드는 징조다. 교하의 주택과 잡풀 우거진 소택지를 지나면 숲속 산책길이 열린다. 중앙공원으로 연결되는 오솔길에는 가랑잎이 수북하다. 나는 걸음을 옮길 때마다 바스락거리는 소리에 귀를 기울인다.

아침에는 양치질을 하고, 카페와 도서관을 가고, 가끔은 누군가를 그리워한다. 초여름 야구장에서 안타를 치고 베이스를 내달리는 선수를 응원했다. 늦가을엔 살바토레 펜션에 묵으며 대관령의 독일가문비나무 숲속을 걸었다. 올해는 성실한 세탁부처럼 최선을 다했건만 기대한 만큼 큰 소득은 없었다. 남에게 손가락질당할 만한 과오는 없었으니 그나마 다행이다. 우리는 시절 인연으로 맺어진 존재들. 당신의 올해는 어땠는가?

지금 누군가 울고 있다면 그는 이유 없이 우는 게 아니라 나 때문에 울고 있다. 지금 누군가 웃고 있다면 나 때문에 웃는 것이다. 당신은 나 때문에 울고, 나는 당신 때문에 웃는다. 우리가 서로를 증오하고 물어뜯기도 했을 테지만 지금은 화해와 용서의 시간이다.

지금은 미아들이 부모의 품으로 돌아갈 때다. 실직한 가장들은 새 직장을 구하고, 뼈가 부러진 축구선수는 부상에서 돌아와 재기를 꿈꿀 때다. 학대받는 반려동물들은 더 착한 주인을 만나고, 당신과 나는 황량한 풍경을 더 그리워하며 연약한 동물을 더 사랑할 때다. 아직 살아보지 못한 미지의 시간과 걷지 않은 길들을 더 갈망하고, 꿈이 깨지거나 계획이 틀어지는 것 따위는 무서워하지 말자.

나는 시골에서 태어났지만 곡식을 파종하는 때를 모른다. 오래 병원에 입원한 적도 없다. 큰 재난을 당해 극심한 불안에 잠식되어 뇌의 회백질이 쪼그라든 적도 없다. 나는 수많은 삶을 겪었다. 순정한 인간과 불순한 인간을 겪고, 운이 좋았을 때도 반대로 지독한 불운을 겪기도 했다. 한때 위스키나 독주를 마셨지만 지금은 알코올을 다 끊었다. 오토바이 폭주족은 아니었고, 마리화나나 해시시를 피우거나 코카인을 흡입한 적도 없다. 가끔 고전음악을 들으러 헤이리의 음악 감상실 '카메라타'를 찾는다. 흐린 날엔 베토벤 피아노 소나타를 듣는다.

가족의 생계를 책임지려고 일하고, 남들보다 더 잘 살기 위해 돈을 벌었다. 목마름을 해결하는 데 바다가 필요하지 않듯이 행복에도 큰돈이 필요하지 않다는 걸 깨달았다.

갈증을 푸는 데는 한 잔의 물로도 충분하다. 종종 사랑에 빠졌다. 젊음을 흥청망청 쓰는 걸 행복이라고 여겼다. 행복은 좋은 삶의 결과로 주어진다. 또한 돈이 많고 적음에서가 아니라 가치 있는 일을 한다는 확신에서 행복은 더 커진다.

호주의 시인 에린 핸슨은 "가장 환한 미소를 짓는 사람이 눈물 젖은 베개를 가지고 있다"라고 노래한다. 늘 웃는 것은 삶이 즐겁고 화사해서라는 예단은 틀렸다. 가장 불행한 사람이 가장 환한 미소를 짓는다. 불행의 짓눌림 속에서도 행복 한 줄기쯤은 찾아낼 수가 있다. 똑같은 처지에서도 어떤 사람은 행복하고, 어떤 사람은 불행하다. 뱀이 마신 이슬은 독이 되고, 암소가 마신 이슬은 우유가 되는 것과 같다.

지금은 밤이고, 나는 혼자 우두커니 깨어 있다. 아이들이 옥수수처럼 자라는 동안 어른들은 늙어 마른 잎처럼 바삭거린다. 누군가는 애기를 낳고, 누군가는 가족을 잃은 슬픔에 잠겨 있을 테다. 아직 시간은 있다. 먼 여행을 포기하는 대신 가까이 사는 벗들과 자주 만나겠다. 산책 기회를 늘리고, 식사는 하루 두 끼만 챙기겠다. 고독 속에 칩거하는 시간을 더 갖겠다.

어린 시절의 동무들은 다 뿔뿔이 흩어졌다. 한때는 돈을 벌고 자식들을 키우느라 바빴다. 그리고 음악과 연애에 빠지고 여행에도 미쳤었다. 그게 시들해지자 책을 읽거나 음악에 심취했다. 나이 들어보니, 인간에게 필요한 것은 죽어가는 것을 사랑하는 덕과 불의한 일과 불의하지 않은 일들에 대한 명석한 분별, 한 줌의 체념과 달관의 지혜뿐이다. 날마다 면도를 하고 샤워를 하며 콧노래를 부르겠다. 잘 익은 복숭아와 자두를 깨물며 그 향과 달콤함을 누리겠다. 일상의 작은 기쁨들, 소박한 밥과 안온한 잠자리에 감사하겠다. 공기, 빛, 시간에 감사하겠다. 깨진 약속들, 신기루처럼 사라진 꿈과 기대들은 망각 속에 묻겠다. 이웃에게 더 자주 미소를 짓고, 더는 인생의 시중을 들며 살지 않겠다.

눈이 많이 내리는 고장에서

새벽에 거실로 나왔는데, 웬일인지 창밖이 환하다. 밀랍 인형처럼 서서 창밖을 바라보니, 첫눈이다! 나도 모르게 탄성이 나온다. 눈송이는 굵고 양도 풍성하다. 이미 전나무 가지며 이웃집의 지붕에 폭설이 소복하게 쌓이고 있다. 나는 탐스러운 눈발을 바라보았다. 원추형의 가로등 불빛 아래로 함박눈은 하얀 새떼같이 내린다. 하얀 새떼는 지상으로 투신한다. 천지간이 고요에 들었음을 깨닫는 찰나 몸에 전율이 일었다. 저 큰 눈송이들이 한꺼번에 쏟아지는데, 세상은 이토록 고요하구나!

거실은 고요하다. 고요, 분주한 움직임들이 일으킨 소란이 잦아진 뒤 찾아온 기쁨, 소음의 부재, 무, 그 자체. 고요는 관조의 불꽃의 질료다. 어쩌면 고요는 생각의 묘판苗板이 아닐까? 우리는 고요라는 묘판에 생각의 씨앗들을 파종한다. 그 묘판에서 생각의 씨앗들이 싹을 틔운다. 새벽에 꾼 꿈이 뇌리에 떠오른다. 나는 활자로 가득 찬 신문지 위에 글을 썼다. 신문지 양면을 펼쳤으니, 전지全紙 한 장이다. 그 위에 삐뚤빼뚤 무언가를 적는데, 자음과 모음의 크기가 다르고, 글자 간격도 제멋대로였다. 글의 내용은 중요하지 않다고 했다. 전지 한 장을 가득 채울 만큼 무언가를 쓰고, 쓰고, 또 썼다. 신문 활자 위에 겹쳐 검정 매직펜으로 쓴 문자들이 보여준 건 볼만한 조형 예술이라는 생각을 했다.

파주는 눈이 많이 내리는 고장이다. 수도권 일대에 눈 예보가 있더니 다시 대설주의보로 바뀌었다. 차츰 눈발이 굵어진다. 피자가게에서 나온 남자의 검은 머리에도 사거리 신호등 앞에 서 있는 대여섯 명의 머리에도 눈이 쌓인다. 눈을 맞고 있는 사람들. 눈은 기도를 하지 않는 종교다. 어젯밤 꿈의 속편이다. 파주도서관 후원의 전나무와 소나무 같은 늘푸른나무들에도 눈이 쌓인다. 흰 눈 얹힌 가지들과 전나무 하부 가지의 녹색은 뚜렷하게 대비된다. 염화칼슘을 뿌린 도로 외에는 어디에나 눈이 쌓인다. 눈발이 소음을 흡수한 탓에 사방은 적요하고 도로는 습기로 반들거린다. 새들도 오지 않는다. 새끼 두 마리를 데리고 다니는 길고양이도 안 보인다.

밤새 함박눈이 쌓였다. 얼마나 큰 그리움이기에 밤새 함박눈은 쉬지 않고 내리는가? 나를 감싸는 건 풍랑이 이는 먼 바다와 먼 곳을 스치는 삭풍의 가느다란 기척뿐, 사위는 어둠의 절벽이다. 생명의 필요에 부응하며 무언가를 갈망하고 욕망하며 사는 나란 존재의 살아 있음이 어떻게 가능한 것인지를 알 수가 없다. 우주와 생명의 시원을 좇는 생각이 꼬리에 꼬리를 물고 이어지다가 생각의 연쇄 끝에 맺히는 것은 '나는 언젠가 죽는다, 나는 사라진다'라는 결론이다. 아득한 현기증 속에서 어쨌든 의미 있는 삶을 살고자 애쓰던 자의 몸은 가늘게 떨린다.

돌아보니, 항상 고요 속에서 글쓰기를 해왔다. 고요는 몰입의 촉매다. 내 안의 고요와 나를 둘러싼 세계의 고요가 상호 조응하는 순간이 찾아온다. 고요는 몰입의 조건이고, 관조하는 생활의 바탕이며, 사유를 일으키는 자양분이다. 고요는 정적인 상태가 아니라 사유의 능동을 일으키는 활동이다. 글쓰기는 고요 속에서 자아가 파열하고 분열하며 작동한다. 그 사유의 파편들이 세상으로 날아가지만 내가 쓰는 것들의 의미를 다 알지는 못한다. 어둠 속에서 더듬어 문고리를 잡고 문을 열듯이 무지에 기대어 무지 너머로 나아갈 뿐이다.

무지하다는 관념은 오래전부터 나를 사로잡았다. 프랑스 시인 말라르메의 「바다의 미풍」에서 "육체는 슬프다, 아아, 그리고 나는 모든 책을 다 읽었구나!"라는 시구에 크게 공감한 것도 그런 이유에서다. 육체는 슬프다는 구절은 불현듯 육체를 채운 무지에 대한 각성을 드러낸다. 책을 그토록 읽었건만 육체[대뇌변연계]는 무지에서 깨어나지 못한다.

책이란 앎의 매개체이자 무지의 각성체다. 책을 많이 읽었다고 무지에서 벗어날 수는 없다. 오히려 책을 많이 읽을수록 무지를 키울 가능성이 커진다.

　무지의 본질은 앎의 없음이다. 일체의 모름과 무구함, 빈곤 상태가 무지다. 내 글쓰기는 무지 너머로 씩씩하게 나아감이다. 그것은 무지의 초월이나 극복과는 다른 무엇이다. 순수한 무지는 앎에의 의지를 자극한다. 무지를 무지 자체로 견디는 힘을 키우는 게 중요하다. 앎이란 무지를 견딘 힘으로 확장된다. 깊은 강이 흐르듯 무지는 우리 안에서 고요하게 흘러간다. 그 흘러감은 의식조차 할 수 없을 만큼 깊은 고요 속에서 이루어진다. 무지는 우리 안에 있는 고요로 충만한 큰 빛이다.

　태고의 무지만큼 좋은 스승은 없다. 무지와 앎은 대립하지 않는다. 무지는 상식의 부재와는 다른 것이다. 그것은 아직 태어나지 않은 앎! 온갖 사유를 머금고 우리 안에 머무는 무지는 수행자의 화두이며 수행의 한 방편이다. 선불교의 스승들은 무지를 깨운다. 선사禪師들은 우리 안의 본성을 꿰뚫고 나오는 무지를 적발하고 만천하에 폭로하며 마구 두드려 팬다. 고상한 물음에 동문서답하기, 물음에 다짜고짜 몽둥이 후려치기로 답하기. "달마 조사가 동쪽에서 오신 뜻은 무엇인가?" 이 물음에 "뜰 앞의 잣나무다."라고 대답하는 게 선사다. 선사들은 그런 방식으로 무지가 무지인 줄도 모른 채 잠든 자아를 벼락처럼 깨운다.

여전히 눈이 쏟아진다. 눈은 종일 내리고도 그칠 기미가 없다. 이 폭설에 갇힌 야생 짐승들은 굶기도 하겠구나. 눈을 뭉쳐 쥐면 손은 차갑다. 갑자기 시장기가 돈다. 뜨거운 북엇국 한 그릇 생각이 간절하다. 아마, 평생 걸은 배움의 길은 지식을 푯대 삼은 것이었으나 나는 무지의 겉을 미끄러졌을 뿐, 무지 안의 무지에는 가닿지 못했구나, 생각한다. 나는 무지의 즐거움을 알지 못한 채 오늘에 이르렀다.

지혜로운 스승들은 다 무지의 즐거움을 안다. 무지는 모름이다. 무지는 모름의 앎이다. 모름은 앎과 대척되지 않는다. 무지에는 방향을 결정할 근거가 없다. 앞으로 나아갈 수 없음으로 자주 망설이고 머뭇거린다. 다른 한편으로 무지는 생각의 도약대다. 나를 끌고 온 것은 무지의 동력이다. 오오, 무지여, 스승이여. 세상의 앎을 다 품는 한에서 무지는 큰 앎이다. 우주 자체가 모름의 큰 덩어리인 것을! 무지를 회피하지 말고 무지와 마주하라. 무지의 힘에 기대어 무지의 심연으로 나아가라. 무지에 부딪쳐서 머리가 깨지는 걸 무서워하지 말라!

봄날은 무슨 꽃으로
내 가슴을 문지르는가?

봄은 먼 데서 와서 천지간에 꽃을 뿌린다. 햇빛이 도타와지며 만물은 기운생동한다. 꽃봉오리가 터지고 초목들은 새잎을 피워낸다. 기다림이 없어도 봄은 와서 우리 가슴에 꽃의 빛과 향기를 문지른다. 봄은 땅속 구근의 새싹을 땅거죽 위로 밀어 올린다. 애썼다, 새싹들아. 이른 봄에는 명지바람이 분다. 바람의 종류는 많다. 가수알바람, 갈마바람, 강쇠바람, 건들마, 날파람, 남실바람, 내기바람, 높새바람, 높하늬바람, 된마파람, 된새바람, 매운바람, 문바람, 물가잔바람, 살바람, 색바람, 샛바람, 서릿바람, 소소리바람, 손돌바람, 싹쓸바람, 하늬바람, 회오리바람, 흔들바람……. 나는 겨우 꽃샘바람이나 주워섬겼을 뿐이다.

    느티나무 묵은 가지마다 연두색 새잎이 돋고, 가랑잎 수북한 표토를 밀어 올리며 원추리 싹들이 올라온다. 산에서 나비를 잡던 어린 시절에는 새순이 돋는 나무와 피어나는 꽃들이 하는 속삭임을 다 알아들었다. 꽃봉오리들이 열리고 햇빛이 축복처럼 쏟아지는 봄의 대지가 속삭이는 말들, 즉 살아라, 자라라, 꽃피워라, 꿈꿔라, 사랑하라, 기뻐하라, 새로운 충동을 느껴라, 몸을 내맡겨라, 두려워 말라라는 말들에 힘을 얻곤 했다. 청년 시절엔 모험과 쾌락을 좇느라 바빴다. 맛있는 음식이 있는 먼 곳을 찾아가고, 어여쁜 여자와 강화도를 다녀왔다. 벗들과 밤새워 흥청이며 먹고 마시는 기쁨을 사양하지 않았다.

벚꽃의 전성기는 짧다. 벚나무 아래를 지날 때 낭자한 하얀 꽃잎을 밟는다. 이건 꽃의 사체들이 아닌가! 우리 오감을 문지르던 꽃들이 다 지면 몰려오는 이 슬픔과 허무를 어쩌나? 종달새 우짖는 봄날을 어떻게 맨정신으로 견디나? 꽃 피는 봄날이 드러내는 아름다움의 유효기간은 야속할 만큼 짧다. 아름다움이 늘 속절없었던 것은 그 때문이다. 당신의 미소와 찰랑이던 검은 머릿결만 기억난다. 나머지 이목구비는 다 잊었다. 부치지 못한 편지를 우체통에 넣다가 꿈에서 깨어난 새벽에는 허전하다. 오전에 근린공원을 한 바퀴 돌고 볼일도 없는데 동사무소에도 들른다. 오후에는 동네 도서관에서 철학책을 빌려 반나절 넘게 읽고 저녁엔 강가를 따라 걸었다.

꽃 축제가 열리고 동시에 참사를 추모하는 날이 돌아온다. 제주도의 양민 학살, 세월호 참사, 독재에 항거한 의거의 날들이 돌아온다. 벚나무 가지마다 팝콘같이 피어났던 하얀 벚꽃은 다 졌는데, 우리는 그 비극과 비통한 슬픔과도 마주해야 한다. 추모제에서 우리는 무구한 희생을 잊지 않겠다는 약속을 다진다. 추모제는 억울한 죽음을 기리고 성화聖化한다. 비극의 의례화가 맺힌 한과 응어리를 풀어주지는 않는다. 우리가 추모제에서 얻는 소득은 올바른 일을 했다는 면죄부와 자기만족이다. 우리는 비극을 소비하며 일상의 익숙함으로 귀환한다. 누군가는 제 연인과 갈라서고, 누군가는 쾌락을 탐하는 삶을 꾸릴 테다.

활시위를 떠난 화살처럼 봄이 지나간다. 기쁨과 보람으로 가득하던 우리의 전성기도 끝난다. 우리는 팔짱을 낀 채로 지나가는 청춘의 한때를 지켜볼 뿐이다. 바다의 악령인 하얀 고래를 좇던 에이허브 선장처럼 용맹했던 우리 젊은 날을 누가 기억해 줄까? 아무도 우리의 젊음이 거둔 승리와 공훈을 기억하지 못하리. 봄꽃의 수명은 짧고 견뎌야 할 고통은 길다. "내 밥그릇은 고통으로 가득 차 넘친다. 내가 먹을 수 있는 것보다 더 많은 양이다." 우리는 시인 빈센트 밀레이의 시 한 구절을 혼자 중얼거릴 수 있을 뿐이다.

황사 바람이 분다. 봄꽃은 끝물이다. 왔던 봄이 갈 때 슬픈 건 이제 살아갈 날이 살아온 날보다 짧다는 서늘한 자각 때문이다. 봄날의 허무를 견디며 늙어갈 때 좋은 것은 인생 마일리지가 쌓인다는 점이다. 당신의 인생 마일리지는 경험의 두터움에 따르는 보상이다. 연륜이 인격의 원숙함과 지혜를 빚는다면 그것은 노인이 제 젊음을 지불하고 받은 훈장일 테다. 봄을 여읜 슬픔에 오래 빠져 있을 수만은 없다. 우리에겐 살아야 할 날들이 남아 있다. 먼 데서 당신이 아침을 맞을 때 우리는 불의에 지지 않고 늠름하게 살아야 할 의무를 떠올린다. 봄이 떠나면서 흐트러뜨린 자리를 말끔하게 청소해야 한다. 봄날은 지나가도 삶은 계속되어야만 한다.

봄은 꽃만으로는
충분치 않다

피고, 돋고, 꿈틀거리고, 뻗치는 것은 봄날의 따사로움에 대한 살아 있는 것들의 벅찬 생명 반응이다. 봄꽃 둘레에 노오란 햇빛이 꿀벌처럼 잉잉거릴 때 우리는 낙관적인 기분에 물든다. 심장은 보람으로 펄떡이고 혈관의 피는 온몸을 돌며 환호성을 지른다. 벚꽃이 개화해서 광도를 높인 정점에서 봄은 무너진다. 한 점의 애절함도 없이 처절한 낙화가 이루어진다. 고양이 요람 같은 봄날에 쾌감지수는 상승하고, 우리는 호모 사피엔스로 재발명된다. 나는 벚꽃이 지는 나무 아래를 걸어서 도서관엘 간다. 도서관에서 책 몇 권을 대출하고 동네 카페에 가서 이메일 몇 통을 쓸 작정이다.

시인 빈센트 밀레이는 4월은 종알종알 꽃을 뿌리며 돌아오건만 그것만으로 충분치 않다고 항의한다. 노란 개나리꽃이 핀 길로 노란색 원복을 입은 유치원생들이 재잘거리며 지나간다. 저 천진하고 어여쁜 생명들이 어린것들이 살아서 까르륵거릴 때 세상의 광도는 조금 더 높아진다. 봄은 어리고 빛나는 생명들을 위한 환희의 송가나 희망을 노래할 때지만 계절의 화사함과 대조되는 인생의 비극은 얼마나 잔혹한가.

> 땅 밑에선 구더기가 사람의 머리통을
> 갉아먹을 뿐만 아니라
> 인생 그 자체가 무無,
> 빈 잔, 주단 깔지 않은 계단,
>
> ─빈센트 밀레이, 「봄」 일부

인생의 진실은 이토록 잔혹한데, 세상은 꽃들로 화사하다. 계절의 잔인함에 마음은 짓밟히고 능욕을 당한다. 돌아보면 봄날의 희망과 낙관주의는 참으로 염치없고 뻔뻔하며 비루하다.

다시 4월이 돌아오고, 세월호 참사 다큐멘터리를 본다. 배가 침몰하는데 배 안에 있으라는 안내 방송은 아무리 봐도 믿을 수가 없다. 선장과 선원들은 탈출하고, 수학여행에 나선 어린 학생들만 떼죽음을 당한다. 그 원혼들이 이승을 떠돌며 흐느끼는 울음소리가 환청으로 울린다. 잊힌 슬픔이 돌아오고 누선에 눈물이 차오른다. 봄의 비통한 죽음 때문에 자꾸 심장이 아프고 온몸이 욱신거린다. 우리가 괴로워하는 동안 봄꽃은 만화방창 흐드러져 피안인 듯 빛난다. 그리고 봄밤은 어쩌자고 자수정처럼 빛나는가! 내가 웃으면 세상은 나와 함께 웃지만 내가 울 땐 세상은 내 슬픔에 동참하지 않는다. 내가 울 때 세상은 왜 나 몰라라 외면할까?

봄날 대기에는 꽃들의 방향만이 아니라 약간의 허무, 약간의 슬픔, 약간의 외로움이 녹아 흐른다. 푸른 버드나무를 흔들던 봄바람과 새싹들을 격려하던 다정한 햇빛이 우리 청춘을 약탈해 간다. 우리의 푸르고 아름다운 젊은 날을 앗아간 세월이 야속하다. 목련꽃 그늘 아래서의 첫 키스는 뇌리에 각인되지만 어느 입술이 열일곱 번째로 내 입술에 닿았던지는 기억하지 못한다. 우리는 이토록 한심한 기억의 용량에 실망하며 살아간다.

온 것은 가고 간 것은 다시 돌아온다. 봄꽃 진 자리에는 신록이 싱그럽다. 목덜미에 닿는 햇볕이 촛농인 듯 뜨거워 화들짝 놀란다. 찬란함을 안고 순교하는 봄과 죽음의 대비가 전두엽을 쪼갤 듯 내리꽂힌다. 이미 봄은 파장이다. 오, 가는 봄이여. 봄은 청춘의 한때처럼 빛났으니 꽃 지는 아침엔 울고 싶었다.

우리가 탕약처럼 쓰디쓴 슬픔과 아픔을 삼키며 늙을 때 어린 자식들은 훌쩍 자라서 흩어질 테다. 저기 사라지는 봄을 전송하자. 살아보니, 기쁜 날보다 슬픈 날이 더 많았다. 봄이 올 때마다 슬픔을 무찌르고 살고 싶었던 까닭은 어린 자식들과 다시 아름다운 날들이 올 거라는 기대 때문이었다. 부모님 기일이 돌아오듯이 봄이 오면 몸살이 난 듯 아팠다. 봄에는 상처들이 덧나곤 했으니까. 슬픔은 슬픔대로 놓아두고, 우리는 봄날을 견디고 살아야만 한다. 지어미는 지아비의 이마에 손을 얹고, 지아비는 지어미의 손을 잡고 오늘보다 내일이 더 나아질 거라는 희망을 품고 살아야만 한다.

생활의 사상

삶에서 구할 것은
대단한 기적이 아니라
작은 평온과
고요의 한 조각일지도 모른다.

살아라, 기뻐하라, 감사하라

살아서 맞는 날들은 기적이다! 수련이 피는 여름 아침도, 수련이 지는 여름 저녁도 다 기적이다. 눈은 침침하지 않고 감각은 무디지 않으니, 세계와 만물이 다 경이롭다. 삶이 그렇듯이 예술도 경이 그 자체다. 아름다운 시에서 굳이 의미를 찾으려는 자들은 시를 모른다. 시, 그림, 음악 같은 예술은 하나의 전체로서 완전하다. 그걸 쪼개고 분리하는 순간 그것의 드높은 완성은 무너지고, 홀연한 예술다움은 사라진다.

좋은 예술은 종종 해석이 불가능하다. 웬델 베리는 미국의 시인이자 소설가, '대지의 청지기'라는 별칭으로 알려진 사람이다. 그는 "가령 아름다움은 해석될 수 없다. 그것은 경험적으로 입증 가능한 사실이 아니며, 양적인 수치도 아니다."라고 말한다. 무엇을 더하거나 뺄 필요가 없이 완전함에 도달한 예술은 해석이 필요 없다. 예술의 아름다움

○ 웬델 베리, 박경미 옮김, 『삶은 기적이다』(녹색평론사, 2006), 171쪽.

은 참이고 그걸 해석하는 행위는 아름다움이나 숭고함과는 무관하다.

나는 새벽에 고양이들과 같은 시각에 깨어난다. 고양이의 밥그릇에 건사료를 채워주고, 냉장고에서 사과 한 알을 꺼내 먹는다. 나는 걱정이 많은 사람이다. 남극의 빙하가 녹는 것과 기후위기를 걱정하고, 치솟는 물가와 교통난, 악의 증가, 핵전쟁의 위기, 팽창하는 우주의 미래를 염려한다.

기원전 535년경 소아시아의 서안 에페소스에서 태어난 철학자 헤라클레이토스는 "당신은 폭우로부터 가뭄을 만들어 낼 능력이 있는가?"라는 질문을 던진다. 그는 유복한 가문의 장남으로 태어나 부귀와 영화를 누릴 수 있었지만 산속에서 자발적으로 은둔한다. 혼자 풀과 나뭇잎을 먹으며 살았던 탓에 수종이라는 질병을 얻었던 그는 의사에게 이처럼 수수께끼 같은 물음을 던진다. 그건 수종 치료법에 관련된 질문이었지만 의사는 그 진의를 깨닫지 못했다.

생명을 품은 유기체는 공장에서 만든 공산품과는 다르다. 공산품은 분해하고 망가진 데를 수리하고 재조합할 수 있지만 유기체는 해체하면 회복 불능의 상태에 빠진다. 공산품은 해체와 조립이 가능하지만 무에서 탄생하는 유기체는 다르다. "개체 피조물의 생명은 그것이 있는 자리에서 그에게 일어나는 모든 일이다." 생명의 고유한 전체성은 그가 있는 장소, 태어난 시간과 더불어 번성한다. 생명은 대체가 불가능한 것, 그 자체로 완전하며 생동하는 광채를 내뿜는다.

우리는 어디에서 와서 어디로 가는가? 보이지 않는 것은 없다고 믿는 유물론자들은 모든 현상을 물리 법칙으로 환원시킨다. 과학 맹신주의에 귀착한 논리는 명석해 보이지만 그런 주장은 진짜로 몽매하거나 우리를 속이려는 기만일지도 모른다. 그들은 삶을 해석 가능한 덩어리로 여긴다.

삶을 안다고 말하는 순간 그것은 삶이 아니다. 환원할 수 없는 생명 현상은 불가해하고, 우리는 '알지 못함'이라는 한도 내에서 삶을 살아갈 따름이다. 분명히 말하건대 삶은 예측 불가능하며 환원 불가능하다. 알지 못함 속에서 살아내는 나날은 그야말로 기적이다. 삶과 예술은 하나다. 50년 시를 썼어도 나는 여전히 시를 모른다. 알지 못함이라는 한도 내에서 모름을 견디며, 나는 시를 쓴다.

인간 수명이 의학의 발달과 고른 영양 등을 섭취하면서 크게 늘어난 건 사실이다. 그러나 인생의 짧음은 여전히 불변의 진리고, 지나간 것은 되돌릴 수가 없다. 인생의 순간에 일어나는 사건은 단 한 번만 겪을 수 있다. 과거는 사라지고 태어난 자는 기어코 죽는다.

삶이 지금보다 좋았던 옛날은 돌아올 수 없는 시간에

◦ 웬델 베리, 앞의 책, 64쪽.

서만 빛난다. 그 선상에서 탄생과 죽음은 엄연한 실존 사건이다. 태어나고 살다가 죽는 존재인 인간에게 죽음은 불안과 공포를 낳는 불가해한 사태다. 죽음 불안에서 괴로워하던 인류가 고안해 낸 게 종교다. 종교는 인간이 영원히 죽지 않거나 죽어서 다시 부활하는 가상의 논리체계를 만든다. 종교는 내세와 천국, 영혼 불멸, 윤회 사상 따위를 설계한다. 당신은 그걸 믿는가? 나는 믿지 않는다. 내 앎의 범주 안에서 영원한 생명이나 죽은 개체의 부활은 실현 불가능한 일이다.

밤의 고독

장밋빛 황혼이 사라지고 땅그늘이 진다. 도시 외곽 도로를 질주하는 자동차들은 전조등을 켠다. 지구는 자전으로 생기는 제 그림자 속에 잠긴다. 밤이 다가오는 것이다. 야간 시력이 더 좋은 숲속 올빼미나 박쥐들은 밤에 더 많이 활동을 한다. 야행성 동물들은 눈동자에 추상세포와 간상세포가 훨씬 많은 탓에 밤의 시력이 더 좋다. 주린 배를 채우려는 포식자들의 부리와 발톱은 곧 피식자의 피로 붉게 물든다. 사막을 데우던 열기가 식으면 은하수와 별들이 쏟아질 듯 찬란한 밤하늘이 펼쳐진다. 그 아래 몽골 초원의 게르에서는 유목민의 후예들이 잠든다.

밤은 예술가에게 영감과 창조의 힘을 복돋우는 촉매제다. 잘 익은 과일처럼 향기로운 밤의 고독 속에서 시인은 시를 빚는다. 밤은 연인들에게는 사랑할 시간을 베푼다. 아울러 밤은 어둠이 베푸는 잠과 휴식의 시간이다. 하지만 밤이 늘 고요하고 평화로운 것만은 아니다. 중세시대에 밤은 사악하다는 오명을 뒤집어썼다. 밤에는 도둑과 강도들이 들끓었고, 사람들은 흡혈귀 같은 귀신과 악마들이 활개 친다는 미신에 빠져 있었다. 인간이 밤의 공포에서 놓여난 것은 전기가 나오고 백열구가 발명된 뒤다. 전기와 백열구의 등장으로 밤은 별천지로 바뀌었다. 뉴욕이나 홍콩, 파리와 상하이 같은 대도시의 사무실, 백화점, 쇼핑센터, 주유소, 운동장, 유흥시설 등은 밤에도 인공조명의 불빛들로 대낮처럼 환하다.

전기가 없는 밤은 도둑과 야행성 동물들의 무대였다. 야행성 동물은 제 눈동자의 지름을 키우고 허공의 광자光子를 모아 어둠을 잘 보는 쪽으로 진화한다. 고양잇과 동물의 큰 수정체는 어둠 속에서 파란 불꽃인 듯 빛난다. 사람의 눈동자는 어둠 속에서는 아무것도 식별하지 못하니 무용지물이다. 물상의 질감과 색과 형상의 양감을 분별하며 본다는 것은 보이는 대상을 인식한다는 뜻이다. 사람이 대상을 볼 때 느낌과 사유가 일어나고, 이 순간은 봄과 보임 속에서 존재를 개시開示하는 찰나다. 전기와 백열구로 인해 인간은 밤의 속박에서 해방되었다. 변방 시골 마을에 전기가 들어와서 불안과 공포로 가득 찬 악몽의 시간을 몰아낸 순간은 얼마나 경이로웠을까.

마당가 분꽃들은 노랑 다홍 빨강 색색의 전기가 들어온다고 좋아하였다

울타리 오이 넝쿨은 5촉짜리 노란 오이꽃이나 많이 피웠
으면 좋겠다고 했다
  닭장 밑 두꺼비는 찌르르르 푸른 전류가 흐르는 여치나
넙죽넙죽 받아먹었으면 좋겠다고 했다
  그리고 가난한 우리 식구들, 늦은 저녁 날벌레 달려드는
전구 아래 둘러앉아 양푼 가득 삶은 감자라도
  배불리 먹었으면 좋겠다고 생각했다

  그해 여름 드디어 장독대 옆 백일홍에도 전기가 들어왔다
  이제 꽃이 바람에 꺾이거나 시들거나 하는 걱정은 겨우
덜게 되었다
  궂은 날에도 꽃대궁에 스위치를 달아 백일홍을 껐다 켰다
할 수 있게 되었다

─송찬호,
「옛날 옛적 우리 고향 마을에 처음 전기가 들어올 무렵」 전문

시인은 마을에 처음 전기가 들어올 무렵 겪은 경이와 흥분과 기쁨으로 차오르게 했던 순간을 목가적으로 노래한다. 전기가 나왔다고 늦은 밤 양푼 가득 삶은 감자라도 배불리 먹었으면 하는 소망이 충족되었다는 증거는 희박하다. 인공조명 덕분에 생긴 이득을 모두가 고루 누린 것은 아니다. 인류는 백열구가 나오기 전보다 평균 한 시간이나 잠을

덜 자게 되었다. 인공조명의 특수를 누린 것은 일부다. 가축 사육 농장들은 밤새 불을 밝힌다. 인공조명으로 밤을 낮이라고 오인한 양계 사육 시설의 닭들이 생체 교란에 빠져 자꾸 알을 낳는다. 이런 행태는 인간의 탐욕이 빚은 자연 생태계의 교란이자 파탄의 증거다.

밤의 깊은 어둠에서 미지의 신비를 느꼈던 게 언제였던가? 그 기억은 까마득하다. 밤은 빛 공해에 점령당한 지 오래다. 미국 국립공원관리공단의 밤하늘 팀은 미국 전역을 돌아다니며 어둠의 수준을 조사하고 밤하늘 보호구역을 지정하며 보존 활동을 펼친다. 밤하늘 어둠의 등급은 1등급에서 9등급까지로 나뉘는데 순수한 어둠만 있는 상태가 1등급이다. 은하수가 지구로 쏟아져 내리는 걸 육안으로 관측할 수 있는 어두운 밤하늘이다. 문명이 빛의 포화 상태에서 어둠을 살해하면서 1등급을 유지하는 밤하늘은 거의 소멸한 상태다. 인공조명이 원시적인 어둠을 집어삼키자 1등급 어둠을 가진 밤하늘이 멸종된 것이다.

도시 사람은 태곳적 밤을 경험한 적이 없다. 그러니 밤이 신이 인간에게 준 유산이자 엄청난 가능성을 품은 자원이라는 것도 알지 못한다. 현대인들은 에너지 과소비와 인공조명의 오남용으로 인해 어둠의 아름다움을 누릴 기회도 능력도 다 빼앗겼다. 어쩌면 소중한 것을 잃어버렸다는 슬픈 자각조차 없이 밤의 중심에서 밀려난 순간부터 인간은 불행해진 게 아닐까. 밤은 상처받은 자아의 은신처다. 가끔 저 혼자 오롯이 밤의 심연에 숨을 필요가 있다. 인간관계로부터 받은 상처를 씻어내고 회복과 충전의 기회를 누릴 수 있을 테다.

쇠를 달구고 망치질하며
노래하라

원고료와 인세로 생계를 꾸리니, 나를 집필 노동자라고 불러야 마땅하다. 나는 책상 앞에서 어깨를 구부린 채 글을 쓴다. 집필은 꿈, 낳기, 창작으로 이루어지는데, 이것은 '우리를 통해 존재하고자 하는 것들'에게 형태를 부여하는 일이다. 나는 인생의 3분의 2를 책상에서 글을 쓰며 보냈다. 고독에 칩거하며 무언가를 쓰는 일은 보람도 없지 않지만 꽤나 건조한 작업이다. 나는 책상물림이 아니라 노동자로 살았더라면 삶이 나아졌을까, 하고 묻는다.

　청년 프란츠 카프카는 국가재해보험국이란 직장을 다니며 퇴근한 뒤 타자기로 소설을 썼다. 카프카가 정말 되고 싶었던 것은 '가구를 만드는 장인'이었다. 나무 향내를 맡으며 일하고 싶다는 꿈은 여러 사정으로 좌절되고 말았다. 아버지는 목수였지만 책상에서 펜대를 굴리는 직업을 갈망하며 여러 직장을 전전했다. 한 번도 당신의 작장에 만족감을 못 느꼈던 아버지는 목수라는 직업을 갖고 산 세월보다 빈

둥거리며 보낸 세월이 길었다. 나는 일확천금을 꿈꾸며 허망한 사업을 구상하며 허송세월한 아버지를 도무지 이해할 수가 없었다.

세상을 떠받치는 것은 평범한 사물들의 인내심이다. 꽃을 피우는 구근식물, 벌과 나비들, 땅에 뿌리를 박고 광합성 작용을 하는 나무들, 제자리를 지키며 성실하게 일하는 사람들이 세상을 빚는다. 대장간을 짓고, 쇠를 달구고 망치질하며 노래하는 사람들이 있기에 세상은 평화롭다. 씨를 뿌리고 가을에 수확하는 농부들, 환경미화 노동자들, 빵 굽는 제빵사들, 봉제 공장의 여성들, 간호사와 의사들, 우편물을 배달하는 우체부들이 없다면 세상도 없다. 제 일터에서 헌신하는 노동자들이 갑자기 사라진다면 우리 삶은 지금보다 더 비루하고 누추해질 게 분명하다.

> 저기 언덕 꼭대기에 서서
> 소리치지 말라.
> 물론 당신이 하는 말은
> 옳다, 너무 옳아서
> 그것을 말하는 자체가
> 소음이다.
> 언덕 속으로 들어가라.
> 그곳에 당신의 대장간을 지어라.
> 그곳에 풀무를 세우고

그곳에서 쇠를 달구고
망치질하며 노래하라.
우리가 그 노래를 들을 것이다.
그 노래를 듣고
당신이 어디 있는지 알 것이다.

—올라브 H. 하우게,
「언덕 꼭대기에 서서 소리치지 말라」 전문

자신의 일이 언덕 꼭대기에 서서 외치는 공허한 외침이 되지 않아야 한다. 그 외침이 의미를 빚지 못한 채 소음으로 전락하는 것은 슬픈 일이다. 내 일이 고슴도치나 양치식물이 세상에 기여하는 것보다 조금이라도 더 나은가? 한 줄의 시, 한 줄의 산문이 세상을 이롭게 못 한다면 그것은 염치없는 일이다. 무용한 아름다움을 빚느라 생을 소모하는 시인들이란 얼마나 하염없는 존재들인가!

나는 대장간을 짓지도, 쇠를 달구고 망치질을 한 적도 없다. 내 일이란 책상에 엎드려 글을 쓴 게 전부다. 그 일은 보이지 않고 그 결과가 구체적 실물로 드러나지도 않는다. 그 때문에 나는 책상에 머리를 쿵쿵 박았다. 그 일에 바친 모든 시간이 거짓과 무의미에 지나지 않을까 하는 의심이 낳은 괴로움이다. 글쓰기의 공허함. 내가 하는 일이 공동체에 아무 소용도 없는 헛짓이 아니라고 부정할 수가 없었다. 과연 나는 무엇으로 내 존재가 가치 있음을 증명할 수 있을까?

　윤동주는 파란 녹이 낀 구리 거울에 제 얼굴을 비춰 보고 그 욕됨에 몸을 떨었다. 한 줄의 참회록을 써야 한다고 다짐했던 윤동주는 식민지로 전락한 나라에서 수탈과 압제의 세월을 견뎌야만 했다. 생명을 가진 것들은 모두 빛의 격려 속에서 의미를 생산하는 일을 해야 한다. 박새와 곤줄박이, 닭과 오리, 벌과 개미들도 저마다 최선을 다해 일한다. 우리의 정직한 일들은 생계의 방편이고 꿈을 향해 나아가는 도정이며, 기쁨과 의미를 만드는 근간이다. 한 사람의 가치는 그가 하는 일에 대한 업적과 평판에서 나온다. 일하지 않는 자는 어떤 평판도 얻을 수 없다. 그래서 시인은 쇠를 달구고 망치질하며 노래하는 사람이 되라고 썼을 테다.

강연 소동

봄비가 내리는 주말 오후에 K시의 대형 쇼핑몰로 강연을 하러 나섰다. 자동차 안에서 콧노래를 흥얼거리며 강연장으로 출발했다. 하필 대형 쇼핑몰 주차장 일대가 차들로 넘쳐났다. 쇼핑몰 지하 주차장으로 들어가려는 차들이 지체한 탓에 40분이나 걸려 가까스로 주차장의 빈자리를 찾았다. 쇼핑몰 안 강연장을 찾는 데도 속절없이 시간이 흘렀다.

    그 광활한 소비 천국에서 한참을 헤매다가 가까스로 강연장을 찾아 들어섰는데, 그 순간, 오, 맙소사! 눈을 의심케 하는 광경이 나를 맞아주었다. 강연장이 텅 빈 채였다. 구름 같은 인파를 기대하지는 않았지만 강연장에는 달랑 청중 세 분이 평화스러운 표정으로 앉아 있었다. 그 너른 쇼핑몰 매장은 인파로 북적거리는데, 강연장의 청중은 세 명뿐이라니! 나는 비명을 지르지는 않았지만 당황했다. 내 얼굴이 다소 붉어졌을 게 틀림없다. 애초 인문학 강연과는 어울리지 않는 장소라 강연 초청을 거절하려다가 내 신간을 구입해 나눔을 하겠다는 강연 기획자의 유혹에 넘어가 수락을 한 터였다. 내 신간을 낸 출판사의 영업부장이 일부러 가족과 강연장을 찾았는데 꽤나 실망한 듯했다.

나는 성심성의껏 준비한 강연을 하고, 강연장을 찾은 세 분도 우아한 태도로 경청했다. 세 분은 교양이 넘치는 분들임에 틀림없다. 강연을 마치고 책에 서명을 하고 강연장 밖으로 나오는데, 문득 조지 오웰의 말이 떠올랐다. "광장에 모인 인파를 흩어지게 하는 가장 좋은 방법을 시를 읽어주는 것이다." 우리 사회에서 시나 인문학은 환영받지 못한다. 사춘기 무렵 내가 시를 쓰겠다고 하니 어머니는 "그까짓 시는 뭐 하러 쓰나? 밥이 나오더냐 떡이 나오더냐? 굶어 죽기 딱 좋으니라."라고 말리셨다. 어머니는 당신의 맏아들이 아무짝에도 쓸모가 없는 시 따위에 빠져서 사람 구실을 못 할 걸 몹시 염려했던 것이다.

주말 오후 대형 쇼핑몰의 강연장을 찾았던 세 분은 어떤 마음으로 인내심을 발휘하며 앉아 있었을까? 내 인문학 강연이 쇼핑이나 맛있는 음식을 먹는 일보다 재미도 쓸데도 없다는 것쯤은 나도 잘 안다. 그것이 빗나간 확증 편향이라고 반론할 여지도 없다. 생업에 바쁜 이들이 주말 오후 시간을 내서 쇼핑몰을 돌아다니며 즐거운 한때를 보내려는 것을 이해하고, 이해하고, 또 이해한다. 볼거리와 놀거리로 가득 찬 대형 쇼핑몰에서 인문학 강연을 기획하고 모객을 한 발상 자체가 엉뚱했던 건 아니었을까?

사람들이 제게 더 유용한 것을 선택하는 것은 당연하다. 그렇다고 인간이 꼭 쓸모 있는 짓만 하고 살지는 않는다. 장자의 무용지대용無用之大用의 철학을 생각해 보라. 그는 쓸모없음의 큰 쓸모를 찾아낸 뒤에 천년 거목의 우화를 퍼뜨렸다. 그 우화에 등장한 거목은 얼마나 웅장할까? 그 꼭대기는 하늘에 닿고 가지가 드리운 그늘에는 소 네 마리가 끄는 마차 천 대가 들어간다고 했다. 그 규모는 상상조차 힘들 테다. 나무에 작은 쓸모라도 있으면 싹뚝 잘라가니, 천년 동안 제자리를 지키고 성장하기는 어렵다. 천년 거목은 애초 곧지 않고 휘어진 채로 아무 쓸모가 없어 보였다. 그 덕분에 천년 동안 사람들의 관심 바깥에서 베임도 당하지 않고 거목으로 자랄 수 있었던 것이다.

무용한 것의 유용함, 즉 쓸모없음의 쓸모를 찾아내 후대에 그것을 전한 장자는 위대한 철학자다. 과연 오늘날 누가 시에서 쓸모없는 아름다움을 찾아낼 수 있을까? 내가 주말의 강연장에서 겪은 낭패는 시와 인문학이 맞닥뜨린 궁핍한 처지를 상징적으로 드러낸 게 아닐까? 나는 주말 오후를 사람들에게 외면당한 광대 노릇이나 하며 보낸 게 아니다. 주말의 강연장에서 나는 혼자 나무 한 그루를 심었다고 생각했다. 먼 훗날 내가 심은 작은 나무가 거목으로 자랄지도 모른다. 강연장을 벗어나자 배가 고팠다. 그대로 집으로 돌아가고 싶지는 않았다. 강연장을 나와 탈북민이 창업했다는 냉면집을 찾아 놋그릇 가득 담긴 냉면을 받은 뒤에야 기분이 풀렸다. 슴슴한 냉면 국물마저 들이켜고 배를 채우고 나니, 주말 강연으로 생긴 소동이나 자괴감도 잊을 만했다.

K리그를 보러 가자!

 기나긴 겨울이 끝난 뒤에 야외 스포츠의 계절이 활짝 열린다. 축구광은 아니지만 K리그 경기들이 개막하기를 기다린다. 녹색 융단이 깔린 경기장으로 선수들이 입장하는 순간부터 내 심장 박동 수는 가파르게 올라간다. 선수 스물두 명이 입장하고 주심이 경기 시작을 알리는 휘슬을 분다. 내 안의 테스토스테론이 미친 듯이 춤춘다. 공을 쫓아 질주하는 선수들을 보며 사냥감을 쫓는 초기 인류를 떠올린다.
 트랙을 질주하고, 도약하고, 상대와 힘과 빠르기를 겨루는 스포츠는 신체의 한계에 도전하고 자기 극기의 정신을 키우는 일이다. 이것은 전쟁의 폭력성과 살상력을 배제하고, 정해진 규칙과 규범 속에서 놀이로 승화한다. 구기 종목은 필드에서 공을 차고 달리며 골대에 공을 넣으며 승부를 가른다. 축구 경기는 종종 과열되어 우리 안에 내재된 광기와 폭력 욕구를 자극한다. 다혈질인 남미나 서유럽의 축구 관중 중 일부는 자주 폭력 사태를 일으키는 것으로 유명하다. 축구 경기에는 승리와 환희와 패배의 쓰라림이 교차한다. 그 찰나 온몸에 흐르는 전율을 담아 나는 「축구 찬가」를 썼다.

> 어린 시절 공을 차며 내가
> 중력의 세계에 속해 있다는 걸 알았다.
> 내가 알아야 할 도덕과 의무가
> 정강이뼈와 대퇴골에 속해 있다는 것을,
> 변동과 불연속을 지배하려는
> 발의 역사가 그렇게 길다는 것을,
> 그때 처음으로 알았다.
>
> 초록 잔디 위로 둥근 달이 내려온다.
> 달의 항로를 좇는 추적자들은
> 고양이처럼 예민한 신경으로 그 우연의 궤적을
> 좇고, 숨어서 노려본다.
> 항상 중요한 순간을 쥔 것은
> 우연의 신이다. 기회들은
> 예기치 않은 방향에서 왔다가
> 이내 다른 곳으로 가버린다.
> 굼뜬 동작으로 허둥대다가는
> 헛발질한다. 헛발질 수태受胎가 없는 상상임신.
> 내 발은 공중으로 뜨고
> 공은 떼구르르 굴러간다.

마침내 종료 휘슬이 길게 울린다.
우연을 필연으로 만드는 연금술사들은
스물두 개의 그림자를
잔디밭 위에 남긴 채 걸어 나온다.
오, 누가 승리를 말하는가,
이것은 살육과 잔혹 행위가 없는 전쟁,
땀방울과 질주, 우연들의 날뜀,
궁극의 평화 이외에는 아무것도 아니다.

—졸시, 「축구」, 2007

소년 시절부터 또래 친구들과 공을 차고 노는 걸 좋아했다. 운동장에서 공을 차고 달리는 동안 뽀얀 먼지가 일어난다. 우리는 공을 차고 달릴 때 이마에 흐르는 땀방울과 가슴에 벅차오르는 충만감을 진정으로 사랑했다. 해가 저물고 운동장이 어둠으로 덮일 무렵에야 우리의 축구 놀이는 끝났다. 그리고 옷에 묻은 먼지를 털고 수돗가에서 땀을 씻은 뒤 내일을 기약하며 헤어졌다. 가슴에 차오른 뿌듯함을 안고 돌아오며 올려다본 밤하늘엔 별들이 총총했다. 그 시절 나는 축구뿐만 아니라 운동장의 가장자리를 따라 달리며 내 안에 차오르는 고독한 충만감을 즐겼다. 숨이 턱까지 차오르며 입안에서는 피 맛이 고였다. 심장이 튀어나올 듯 맥박이 거칠어진 순간 기진맥진해서 운동장에 기절한 듯 눕는다. 파란 하늘을 바라보며 가쁜 숨결을 내쉬다 보면 기분은 상쾌했다. 달리는 것을 그토록 좋아한 것은 내 유전자 어딘가에 있는 원시 인류의 질주 본능 탓일지도 모른다.

『이방인』의 작가 알베르 카뮈는 식민지 알제리에서 노동자의 아들로 태어난다. 그가 태어나고 얼마 안 되어 아버지는 제1차 세계대전에 징병되어 사망하고, 집안 형편은 더 나빠졌다. 가난을 이유로 할머니가 카뮈의 중학교 진학을 반대한다. 카뮈는 교사가 할머니를 설득한 덕분에 가까스로 중학교에 진학한다. 그는 고등학교 시절 축구팀의 골키퍼로 활동한다. 결핵 발병으로 축구를 그만두는데, 축구에 대한 그의 말은 아직 회자된다. "인간의 도덕과 의무에 대해 내가 알고 있는 건, 모두 축구에서 배웠다." 축구는 근력을 키울 뿐만 아니라 그 안에는 도덕감과 인격을 키우고 다듬을 수 있는 기율이 작동한다. 카뮈의 말은 축구가 사람이 알아야 할 모든 것, 지적 능력과 참된 인격에 필수불가결한 수단이라는 사실을 일깨운다.

스포츠에서 과정의 도덕적 숭고함은 선수들의 상호 협업, 헌신과 투지에서 고스란히 드러난다. 잉글랜드 프리미어 리그의 손흥민 선수 왼쪽 발등에 얹혔던 공이 아름다운 궤적을 그리며 골대 안으로 빨려 사라지는 건 그 자체로 놀라운 예술이다. 스포츠에서 얻는 흥분과 설렘은 삶의 활력소다. 모든 스포츠에서 승리는 저절로 주어지는 법이 없다.

승리는 오직 땀방울을 흘리고 기량을 갈고닦은 자들의 몫이다. 승리를 얻기 위해서는 반드시 몰입과 집중, 동기 부여와 불타는 갈망, 전략을 이해하는 지능, 창의성과 순발력, 인내심과 자기희생, 상호 협력 따위가 필요할 테다.

축구는 신이 우리에게 허락한 놀이이자 현대에 가장 번성하는 천진한 종교다. 스포츠에서의 기쁨과 보람은 승리라는 결과에서 오지만 그게 다는 아니다. 우리는 스포츠를 통해 인간이 알아야 할 것을 배우고 익힌다. 우리가 스포츠에서 배울 것은 심신 단련, 극기 정신, 사회생활이 요구하는 규율과 윤리의 습득, 인격 수양이다. 나는 공을 다루는 축구 선수에게서 발레만큼이나 섬세하고 우아한 면모를 발견하고 감탄한 적이 있다. 축구가 남자의 전유물이란 생각도 편견이다. 김혼비의 『우아하고 호쾌한 여자 축구』는 축구가 성별을 넘어서 즐기는 운동임을 증명한다. 당신은 축구를 좋아하는가? 축구를 상상하는 것만으로 심장이 두근댄다면 주말에는 축구 동호회라도 나가 공을 힘껏 차고, 이마의 땀방울을 훔쳐내며 내달리자. 그것만으로도 악덕 채권자처럼 치근대는 인생의 여러 걱정과 괴로움 따위를 말끔하게 씻어낼 수 있을 테다.

팬데믹과 낙인찍기

축산 농가에서 닭 수십만 마리가 온열 질병으로 폐사했다. 온난화 영향으로 지구는 뜨거워지고 있다. 내륙만이 아니라 바다도 유례없이 뜨거웠다. 수온이 높아져서 근해 양식 어장의 광어나 우럭 따위가 집단 폐사했다. 온난화와 이상 기후는 지구 멸망의 징후가 아닐까? 지금까지 지구에는 다섯 차례의 생물 대멸종이 있었다. 공룡 멸종을 뺀 나머지는 기후변화가 원인이었다. 지금 인류는 기후변화가 만드는 여섯 번째의 위기를 맞고 있는 게 아닐까?

산업혁명 이전 유럽인들의 기대수명은 서른다섯 살이었는데 20세기를 넘어서며 여든이 넘었다. 한국, 일본, 싱가포르, 홍콩 같은 아시아 국가의 기대수명과 얼추 비슷하다. 지구의 80억 명 인구가 공장식 축산 농장에서 사육한 닭 650억 마리를 해마다 먹어치운다고 한다. 공장식 농장에서 대량 생산한 닭과 돼지에게서 동물성 단백질을 취하고, 날마다 플라스틱을 비롯해 엄청난 생활 쓰레기를 배출한다.

석유나 가스 같은 화석 연료를 쓰며 대량의 이산화탄소를 대기로 방출한 탓에 극지방의 만년설은 녹아내린다. 열대우림의 벌목으로 지구 생물들이 터전을 잃은 채 멸종 위기에 직면한다.

　생태계 위기의 증거들은 차고 넘치지만 우리는 이런 징후들을 외면한다. 인류는 전쟁, 기근, 생물의 멸종, 바이러스의 습격 같은 갖가지 위기를 맞지만 그중 기후변화는 한시도 멈추지 않고 째깍거리는 시한폭탄이다. 진짜 위기는 인간이 지구를 떠나서는 살 데가 없다는 사실이다. 왜 우리는 이 위기를 심각하고 진지하게 받아들이지 않을까? 그것은 누군가가 해결하겠지, 하는 낙관론이 우리 안의 무관심 편향을 키운 탓이다. 우리는 머리로는 기후변화의 심각함을 알지만 오랜 생활 습관 탓에 에너지 과소비 행태를 그만두지 못한다.

　찬란하고 덧없던 여름의 빛은 사라진다. 한 계절의 끝은 변화의 기척, 다시 돌아오지 않을 시간의 죽음을 환기한다. 올여름은 생애 중 가장 무더운 여름이었다. 나는 인류와 문명, 지구 생물종에게 덮칠 대재앙보다 아파트 관리비에 포함될 전기료 폭탄을 더 걱정한다. 하지만 나날은 평온하다. 일요일엔 TV를 통해 「전국노래자랑」을 시청하고, 주중에는 단골 카페에 나가서 시집 서른 권쯤을 읽었다. 황도와 후무사 자두 서른 개쯤을 먹고 났더니, 어느덧 여름은 끝났다. 여름이 지나가듯 기후변화가 몰아올 지구 생태계의 위기도 지나갈 수는 없을까? 그런 난망한 꿈이나 꾸며 또 한 번의 여름과 작별을 나눈다.

  코로나 바이러스가 변이를 일으키며 확진자가 걷잡을 수 없이 폭증하던 시기에 정부는 비상 권한으로 물리적 통제력을 작동시키며 일체의 여행이나 이동을 막고, 동네 카페나 상점의 문을 강제로 닫게 했다. 우리는 코로나 바이러스 감염이라는 불안과 공포가 빚은 소동을 겪으며 그 시절을 견뎌냈다. 우리는 바이러스 팬데믹과 함께 음모론과 가짜 뉴스로 더 커진 불안의 시간을 지나왔다. 감금과 격리가 강제되는 팬데믹이 끝나자 모호하던 것들이 형체와 윤곽을 드러낸다. 코로나 팬데믹은 격리, 감시, 고발 따위로 작동하는 치안 권력의 과잉을 전면화한다. 이런 예언은 불길하지 않은가? "몇 년 내 인류는 레밍과 비슷해질 것이다. 인류는 멸종의 길을 걷고 있다."◦ 우리를 불안과 공포로 몰아넣었던 코로나 팬데믹은 끝났다. 확진자를 집계하고 공표하는 것도 끝나고, 사회적 거리두기를 강제하는 일 따위도 하지 않는다. 입출국자를 대상으로 코로나 확진 여부를 가리는 강제 검사도 끝났다. 감염 경로가 불확실한 확진자의 동선을 범죄 행각을 캐듯 추적하던 광기 어린 소동도 옛일이 되었다.

◦ 조르조 아감벤, 박문정 옮김, 『저항할 권리』(효형출판, 2022), 72쪽.

코로나 바이러스의 대유행이 촉발한 대중 보건 공포와 광란 사태는 막을 내렸지만 코로나 팬데믹의 후유증은 사라지지 않은 채 우리는 어딘가로 떠밀려 간다.

코로나 팬데믹 시기에 우리 모두는 잠재적 환자 취급을 받았다. 확진자에게 죄책감을 강요한 것은 부당했다. 치안 권력을 작동시켜 일상을 강제로 정지시키는 봉쇄와 격리 조치도 과도한 것이었다. 우리는 '얼굴 없는 인간' 노릇을 하며, 의학 권력이 쏟아내는 여러 의견과 처방들을 받아들였는데, 돌이켜 보니, 그게 능사는 아니었다. 코로나 팬데믹에 대한 두려움은 과장되고, 우리는 그 두려움에 방치된 채 벌거벗은 생명 취급을 받았다. 팬데믹과 관련한 치안 권력의 강제 명령과 조치들의 부당함에 맞서 항의를 했어야 했다. '항시 손을 씻고 마스크를 쓰세요', '집에 머물고 대중이 모이는 곳에 가지 마세요', '이동을 자제하세요' 하는 따위 신체 이동의 자유에 대한 간섭, 사소한 기쁨의 기회를 앗아간 절차의 정당성을 묻지도 따지지도 않은 채 묵인했다. 조르조 아감벤이 했듯이 우리는 이렇게 물었어야 마땅하다. "파수꾼이여, 지금의 밤은 무슨 색입니까?"

코로나 바이러스가 퍼뜨린 불안과 공포, 집단 패닉 뒤에 남은 것은 무엇인가? 당시 정부는 공중 안전이라는 명분을 앞세우며 자유와 인권을 고려하지 않은 예외 상태를 정당화하지는 않았던가? 그때 치안 권력과 협력한 의학 권력의 선전과 선동의 위력에 너무 나약하게 대응하며 비굴하게 행동했던 건 아닐까? 그때 정부가 펼친 강압들에 항의하거나 제동을 걸지 못한 채 우리는 정말 소중한 것들을 잃은 건 아닐까? 과연 우리 삶의 평화와 안녕을 되찾을 수 있을까? 우리는 코로나 팬데믹으로 퇴영하며 미래에 들어선 건 아닐까?

우리가 보듬어야 할 것은 생명과 안전, 일상의 작은 기쁨과 보람들, 생업과 우정과 사랑일 것이다. 지금은 잃어버린 예전의 좋은 삶을 회복할 때다. 코로나 팬데믹으로 멈추었던 의식, 놀이, 축제는 다시 시작되어야 한다. 노동은 희망의 몸짓이 되고, 나날의 안녕은 우리의 일용한 양식이 되어야 한다. 우리 안의 원소를 남김없이 불태우며 최선을 다해 살 의무가 있다.

2000년 여름, 경기도 남부의 호젓한 호숫가에 경량 철구조의 조립식 주택을 짓고 조촐한 살림을 꾸렸다. 고라니·담비·너구리·두더지·뱀 따위나, 붉은머리오목눈이·곤줄박이·꿩·멧비둘기·물까마귀·박새·파랑새·뻐꾸기들이 무시로 출몰했다. 고라니의 울음소리가 음산한 겨울밤엔 죽고 사는 일에 대한 번민으로 몸을 뒤척이곤 했다. 너구리가 하천을 넘어서 마당까지 올라왔다가 부엌 안쪽을 기웃거리다가 사라졌다. 마당은 울퉁불퉁했는데, 땅 밑에 서식하는 두더지가 판 땅굴 탓이다. 야생동물의 출몰이 잦은 건 그만큼 생태 환경이 좋다는 징표였다.

집 주변으로 뱀도 자주 나타났다. 뱀은 마당과 수돗가에서 쉬거나 서재 앞 데크에서 긴 몸을 뉜 채 따뜻한 볕을 쬐며 축축한 몸을 말렸다. 시력은 나쁘고 청력은 좋은 뱀은 사람 기척에 놀라 황급하게 몸을 날려 사라졌다. 어느 해 보일러실에서 똬리를 튼 뱀과 마주쳐 기겁을 했다. 뜻밖의 손님이 내방한 사실에 놀랐지만 나는 조용히 보일러실 문을 닫았다. 며칠 뒤 보일러실을 들러보니, 뱀은 간 데 없고 허물만 남아 있었다. 뱀은 나를 해치려고 한 적이 없다. 우리 사이에는 서로 적대할 이유가 없었던 탓이다.

온몸이 비늘로 덮이고 길쭉한 몸통을 가진 이 파충류에 대해 사람들은 그다지 우호적이지 않다. 뱀은 모든 문화권에서 공통적으로 혐오 동물로 꼽힌다. 그렇게 된 건 뱀이 인간에게 죄와 타락을 전해준 동물이라는 낙인 탓이다. 뱀은 유혹·사기 협잡·기만의 존재라는 불명예를 뒤집어쓰고 산다. 뱀이 사악한 유혹자로 낙인찍힌 것은 기독교 신화 탓이다. 인류에게 원죄와 죽음을 가져온 존재라는 뱀의 오명과 불명예를 벗겨낸 것은 철학자 니체다. 뱀을 "태양 아래 가장 현명한 동물"이라고 칭송한 것도 니체다. 차라투스트라가 무화과나무 아래에서 잠이 들었을 때 뱀이 다가와서 목을 문다. 차라투스트라가 비명을 지르며 일어나자 뱀은 도망쳤다. 차라투스트라는 말한다. "잠깐, 기다려라. 나

아직 네게 고맙다는 인사를 하지 못했구나! 갈 길이 먼 나를 네가 때맞춰 깨워주었구나!" 뱀이 말한다. "그대의 날은 얼마 남지 못했다. 내 독은 치명적이다." 차라투스트라는 대답한다. "뱀에 물려 죽은 용이 일찍이 있었던가? 독을 다시 거두어들여라! 너 그것을 내게까지 줄 만큼 넉넉하지 못한 터에." 뱀은 제가 물어서 만든 상처를 핥아낸 뒤 사라진다.

또 다른 장에는 뱀에게 목구멍을 물려 사지를 떨며 절명 직전에 이른 양치기가 등장한다. 위기에 빠진 양치기는 "대가리를 물어뜯어라! 물어뜯어라!"라는 차라투스트라의 외침을 듣고 그대로 실행하며 뱀에게서 풀려난다. 스물세살 시인 서정주는 이 장면에서 「화사花蛇」라는 시의 착상을 얻었다! 살아난 양치기는 변화한 자, 빛으로 감싸인 자, 웃음을 되찾은 자로 바뀐다.

구불구불한 영혼을 가진 존재, 배로 긴 몸뚱이를 밀며 지상을 기어다니는 뱀은 매혹과 혐오라는 양가감정의 대상이다. 하지만 뱀은 유해 동물이 아니다. 풀밭의 사냥꾼을 혐오 동물로 둔갑시킨 것은 잘못된 낙인찍기의 결과다. 뱀은 죄가 없다! 돌이켜 보니, 우리는 코로나 바이러스가 빠른 속도로 번져가던 시기에 공포에 사로잡혀 마치 죄 없는 뱀에게 그랬듯 확진자에게 혐오 낙인찍기라는 광란에 동조했다. 하지만 확진자에게 사회적 혐오와 비난의 화살을 돌린 것, 그들을 강제 격리로 옴짝달싹 못 하게 한 조치는 어떤 명분으로도 정당화될 수 없다. 사실 강제 격리 조치나 혐오 낙인을 찍는 건 인권 침해이자 심각한 폭력이다. 우리는 그걸 인지하지 못한 채 그런 광란에 동조한 것은 아닐까? 나와 생각과 이념이 다르고, 성별·지역·세대가 다른 이들을 향한 낙인찍기는 도를 넘어선 지 오래다. 타인을 표적 삼아 혐오 낙인을 찍고 집단으로 조리돌림을 용인하는 것은 전근대 사회에서나 벌어질 퇴영적 행태일 테다. 그걸 생각 없이 되풀이해서는 안 될 일이다. 그게 코로나 팬데믹을 거쳐 온 우리가 새겨야 할 교훈이다.

정치가 국민행복지수를 높일 수 있을까

우리에게 트라우마를 남긴 축제와 참사 이야기를 해보자. 우리는 개기일식과 개기월식을 하는 지구라는 녹색별에 온 생명들이다. 이 별에서 사랑과 이별을 겪고, 소금과 후추로 간을 한 음식을 먹으며, 얼마간의 사유재산을 모으고 인간관계를 맺으며 산다. 불멸의 영혼을 얻지 못하고 이 별에 온 게 우리 책임은 아닐 테나. 사람은 죽음에 대한 어떤 인지도 없는 염소나 바위가 아니라 하필이면 죽음을 향해 달려가는 존재로 태어난다. 그리하여 천재건 괴짜건 간에 죽음은 피할 수 없는 실존의 조건이다.

    축제는 사람, 의식, 장소라는 조건을 갖춰야 가능하다. 노동과 생산의 강제에서 풀려난 이들이 축제에 대한 기대로 들뜬 마음으로 축제의 장소로 몰려든다. 할로윈 축제에서 애초의 '신성한' 의식이 사라지고 오늘날엔 '환락과 유희'가 그것을 대체한다. 이국의 축제를 즐기기에 이국 풍물로 넘치는 이태원만큼 좋은 장소는 없을 테다. 2천 년이나 되는 유래가 오래인 할로윈 축제를 즐기러 젊은이들은 이태원으로 한꺼번에 몰렸다.

축제는 삶의 저변을 잠식하는 권태와 지루함과 덧없음에 대한 보상이다. 축제는 사람들을 모으고 그 보상을 골고루 나눈다. 여기에 참가한 이들은 통제할 수 없는 신명에 자기를 바치며, 다시 오지 않는 찰나들 속에서 자아와 욕망, 행복에의 기대를 한껏 뿜어낸다. 이런 기대와 흥분으로 가득 찬 축제는 어떤 집약과 고양 속에서 과몰입과 과잉으로 치닫는다. 축제 시간은 곧 향유의 시간이고, 자신을 과시하는 표현들로 넘쳐흐른다.

이태원의 할로윈 축제 때 일어난 압사 참사로 156명의 희생자가 발생했다. 평온한 일요일 새벽에 할로윈 축제 중 참사가 발생한 뉴스를 듣고 긴가민가했다. 도심에서 압사 사고라니! 이 황당한 참사 소식에 피가 한꺼번에 머리로 몰리는 듯하고, 눈앞이 캄캄해졌다. 이윽고 놀라움과 슬픔이 뼛속까지 파고들었다. 국가 사회 안전망의 허술함과 위기관리 능력의 부재에 내 안에서 분노가 솟구쳤다.

이 축제는 아일랜드 켈트족의 샤먼을 섬기는 의식에서 유래되었다. 귀신 복장과 무서운 분장을 한 젊은이들이 모여 가장무도회같이 즐기는 축제다. 희생자에게 왜 외래 축제를 몰려갔느냐,라고 힐난하는 것은 참사 책임에서 도망치려는 비열한 행위다. 희생자들은 통제되지 않은 혼란과 무질서에 옴짝달싹 못 한 채로 희생자가 되고 만 것이다. 위기를 감지하고 구조 요청을 했지만 그 구조 요청은 응답을 받지 못했다. 불가항력적인 재난에 휩쓸린 희생자들에게 압사의 책임을 물을 수는 없다.

국가 애도 기간이 선포되고, 시민들은 추모 공간에 찾아와 헌화를 했다. 정부가 분향소를 설치하고, 애도의 표시로 추모 리본을 다는 것으로 참사 책임을 모면할 것이라는 기대는 몰염치하다. 국민의 생명과 안전에 대한 무한 책임이 있지만 "경찰과 소방을 미리 배치함으로써 해결할 수 있는 문제는 아니었다"라며 책임을 다른 쪽으로 돌리려는 자들을 용서하지 말자. 책임을 져야 할 자에게는 끝까지 법과 원칙에 따라 책임을 묻자. 이 바보야, 그건 치안 권력의 무능과 무사안일, 직무에 대한 나태힘이 부른 참사야!

국민총행복지수 Gross National Happiness는 행복의 체감을 수치화한다. 이 지수를 재는 방법은 스무 가지가 넘는다. 그걸 재는 일곱 가지 요소는 다음과 같다. 첫째 사회적 지원, 둘째 기대수명, 셋째 선택의 자유, 넷째 관용, 다섯째 1인당 GDP, 여섯째 부정부패, 일곱째 긍정과 부정 영향 등이다. 2022년 3월 유엔 산하 기구인 지속가능발전해법 네트워크가 내놓은 '세계행복 보고서'는 핀란드, 덴마크, 아이슬란드, 스위스, 네덜란드 등을 국민이 행복을 크게 느끼는 상위 5개 나라로 꼽는다. 한국은 1위 핀란드와 146위 아프가

니스탄 사이 중간인 59위에 올랐다. 우리는 행복한가, 아니면 불행한가? 그 물음에 앞서 불행이란 무엇인가를 물어야 한다. 불행의 원인은 자연환경의 훼손, 높은 오염 수치, 계층 간 양극화, 일과 삶의 비대칭, 효율성의 과잉 추구, 피로감, 빈곤의 상습화 따위들이다.

우리 불행의 원인 중 하나는 비생산적이고 퇴행적인 정치 행태다. 나쁜 정치는 비생산적인 논쟁이나 일삼고 정치 보복을 일삼는 행태다. 전임 정부의 정치 자산을 평가하고 그 잘잘못을 가리는 일은 인정하지만 그걸 이쑤시개로 반찬 헤적이듯이 파헤쳐서 꼬투리를 잡아내 그것으로 보복을 일삼는 정치는 필경 진영 간의 진흙탕 싸움을 불러온다. 상대 진영을 폄훼하고, 씨를 말리려고 덤벼드는 보복 정치, 상대의 목을 따고 검은 피로 대지를 적시려는 적개심으로 뭉친 정치는 끔찍하다. 한풀이 정치, 되갚는 최하의 정치 행태는 자기 진영을 결집시키는 효과는 있겠지만 필경 또 다른 악순환을 낳는다. 보복의 상습화는 피를 피로 되갚는 재앙과 야만을 낳을 뿐이다.

정치는 생명과 영토를 지키고, 일상의 안녕을 굳건하게 다지기 위해 권력을 배열한다. 새로 권력을 쥔 정치 집단은 민생을 돌보고 국가 미래를 설계하며 국민행복지수를 높이는 한에서 그 정당성을 얻는다. 정치가 가진 현실을 바꾸는 유력한 힘을 우리 미래를 일그러뜨리는 데 써서는 안 될 일이다. 좋은 정치는 뺄셈 정치가 아니라 상생을 향해 나아가는 덧셈 정치여야 한다.

나쁜 정치의 가장 큰 폐해는 가슴 벅찬 삶의 가능성을 짓밟고 뭉갠다는 점이다. 우리는 마음의 칙칙함이라는 집단 전염병에 감염된다. 우리는 근심의 중력, 미로에 빠진 난감함에서 오는 우울, '미래 없음'이라는 암울함을 앓는다. 나쁜 정치는 희망을 빼앗고, 꿈을 말살하며 국민의 행복을 망가뜨린다. 아울러 국민총행복지수를 떨어뜨린다. 모든 형태의 나쁜 정치는 시작도 끝도 가늠하기 힘든 불행의 시작이다.

우정:
두 몸에 깃든 한 영혼

마음에 둔 벗이 그리워지는 계절이다. 북향 하늘에서 날아오는 쇠기러기 떼를 보며 불현듯 그립고 흠모하는 벗 두엇조차 없는 사람은 없을 테다. 젊은 시절 밤새 호기롭게 술을 마시며 기쁨을 과장하던 벗들은 어디로 갔을까? 몇몇 벗은 소식이 끊겨 생사를 알 수 없다. 세월이 흐르면 우정의 빛은 덧없이 바래지는데, 이것은 나이 들어가며 불가피하게 일어나는 일이다. 벗들을 모아 음주가무를 즐기던 시절이 지난 지 오래다. 술자리에 더는 나가지 않는다. 하루가 멀다 하고 만나던 벗들과 관계가 뜸해진 데는 내향형인의 성격 탓도 얼마큼 있을 테다.

만주 이민 가정에서 태어난 윤동주는 어린 시절의 친구인 패, 경, 옥 같은 이름을 부른다. 어느 새벽 깨어나 벗들의 이름을 불러본다. 삶을 영예롭게 한 벗들의 이름을 호명하니, 가슴이 벅차오른다. 윤동주가 일제 강점기에 태어난 세대라면 나는 전후에 태어난 베이비붐 세대다. 태어나 보니, 하필 미국의 구호물자에 기대어 나라 살림을 꾸리는 후진국이었다. 다들 가난했지만 근면함으로 고난과 시련을 뚫고 살아왔다. 몇몇은 이민을 가고, 몇몇은 세상을 떴다. 남은 벗들은 대학교수, 은행 지점장, 대기업 이사, 화가, 테너 가수, 자영업자, 교사, 중학교 교장, 관료 등으로 저마다 반듯하게 살았다.

오래 사귀고 우정을 나누는 사람을 친구라고 일컫는다. 무엇보다 친구란 덕과 우정으로 맺어진 존재다. 두터운 유대감에 기대어 무언가를 도모하면 즐겁고, 오래 못 만나면 그리워지는 사람, 서로에게 기쁨이 되는 사람이 친구다. 제 필요나 갈망을 위해 사람을 이용하거나 잔꾀로 나쁜 일에 사람을 끌어들이고 속이는 사람은 친구가 아니다. 배고플 때 제 주먹밥 한 덩이리를 떼서 주는 사람, 찬 비 올 때 한 우산을 받고 걸을 줄 아는 사람, 곤경에 처한 친구의 짐을 기꺼이 나눠 지려는 사람이 진정한 친구다. 우정이 있다면 기질이나 취향이 닮지 않아도 오래 만나고 관계를 지속해 나갈 수 있다.

오래 못 만나면 벗을 향한 마음의 온도도 낮아진다. 하지만 오랜만에 만나도 어두운 구석에 빛이 들듯 마음이 환해지는 존재가 친구다. 벗과 쌓은 두터운 정과 신뢰, 애틋함과 사랑의 감정이 우정이다. 우정의 성분은 이해, 공감, 친밀감이다. 우정은 무엇을 얻기 위한 수단이 아니라 그 자체가 목적이 되어야 한다. 고대 로마 공화정 말기의 정치가이자 철학자 키케로는 「우정론」에서 "우정은 찬란한 미덕이 빛을 내뿜고, 유사한 성질의 영혼이 애착심을 느낄 때 맺어지는 것"이라 했다. 고대 그리스 철학자 아리스토텔레스는 "우정은 두 몸에 깃든 하나의 영혼이다."라는 명언을 남겼다.

사람은 완벽하지 않다. 하건만 허물과 약점은 덮어주고 작은 실수는 눈감아 주는 사람, 아무 조건을 달지 않고 아량과 덕을 베푸는 사람이 친구다. 없는 자리에서 친구의 인격에 흠집을 내고 뒷말을 늘어놓는 사람은 친구의 자격이 없다. 친구라는 가면을 쓰고 있을 뿐인 이들은 멀리해야 한다. 그들은 한낱 비루한 인격체에 지나지 않는다. 감정을 흡혈귀같이 착취하는 사람, 제가 필요할 때만 연락을 하는 이기적인 이들은 기어코 나를 이롭게 하는 대신에 내 평화와 안녕을 빼앗아 갈 사람이다.

사랑이 시끄럽고 소란스러운 데 반해 우정의 기척은 고요하고 담담하다. 우정엔 땡볕 같은 맹렬함이 없지만 달빛같이 다정하고 은은한 기운이 있다. 마음의 등대가 되어 줄 친구가 없다면 제 삶을 돌아봐야 한다. 온 세상이 나와 등질 때조차 홀로 용기를 내서 나를 지지하고 제 어깨를 내주는 친구는 얼마나 소중한 존재인가? 배가 침몰하는 절체절명의 순간에 구명대를 양보하는 우정보다 더 아름다운 우정이 또 있을까? 과연 그대에게 백 년 묵은 오동나무같이 늘 변함없는 우정을 보여주는 친구가 있는가? 혹한에 피지만 서늘한 기쁨과 향기를 지닌 매화 같은 친구가 있는가? 사는 게 팍팍할 때 찾아가 사정을 털어놓을 만한 친구가 있는가? 언제라도 반가워하고 밤새워 속얘기를 나누며 곤경에서 벗어날 궁리를 함께 할 친구가 있는가? 그런 두터운 우정을 가졌다면 그건 그대의 보람이자 기쁨이다. 그건 그대의 삶을 윤택하게 해줄 훌륭한 자산이다. 그런 친구를 가졌다면 그대의 인생이 헛되거나 실패했다고 말할 수 없을 테다.

가족:
가끔은 내다 버리고 싶은 것

어머니는 바쁜 천사를 대신해서 이 땅에 온 존재라고 한다. 그 천사가 땅에 내려와 소명을 다하고 떠난 지 몇 해가 지났다. 모란과 작약이 피기 직전에 돌아가신 어머니에 대한 기억이 차츰 얇아지는 것은 서글픈 일이구나, 생각한다. 어머니와 마주 앉아 있던 어느 쓸쓸한 저녁, 어머니는 심상한 어조로 죽으면 화장해 달라고 부탁을 했다. 그 말에 놀라고 무언가에 찔린 듯 아팠지만 어머니의 목소리엔 슬픔이나 쓸쓸한 기미는 없었다. 그 목소리가 하도 담담해서 마음이 패는 듯 아팠을 것이다.

나는 질풍노도의 사춘기를 보냈다. 사춘기를 맞은 자식이 고분고분하지 않았으니 다루기가 까다로웠을 테다. 어머니 없이 조모의 품에서 유년기를 보낸 내 무의식에 분노와 슬픔이 앙금처럼 남아 있었을 테다. 어머니의 젖을 먹은 기억이 없다. 어린 시절 서울에서 온 한 소년을 만났는데, 뜻밖에도 그에게서 제 엄마의 젖이 모자라 종종 내 어머니의 젖을 얻어먹었다는 얘기를 들었다. 처음 듣는 얘기라 어리둥절했고, 나중에는 기분이 이상했다. 누구 잘못도 아니지만 젖 떼자마자 어머니와 격리된 채로 조모의 손에서 자라난 데 따른 분노와 슬픔이 내 어딘가에 각인되어 있었을지도 모른다.

어머니는 소농의 장녀로 태어났다. 배움이 많지는 않았으나 아득한 눈빛을 가졌으니 딱히 불우하다고 할 수는 없다. 어머니는 결혼을 하고 도시로 나와 최저 생계 수준의 생활을 이어가며 궂은일을 마다하지 않고 가족 부양의 책임을 짊어졌다. 어머니가 모란과 작약 꽃을 사랑하고, 구불구불 흘러가는 강물과 골짜기를 사랑하셨다,라고 쓸 수는 없다. 어머니는 가난이라는 최저 낙원에서 삶의 고통을 남모르게 견뎌냈다,라고 쓸 수 있을 뿐이다.

아버지가 돌아가시고 홀로 보내시는 노모를 시골 거처로 모셨다. 어느덧 중년에 이른 아들과 노모 사이는 세월의 더께가 두터운 탓에 그럭저럭 안온했다. 노모는 텃밭에 작물을 심어 가꾸는 걸 낙으로 삼고, 나는 서재에서 책이나 읽었다. 자식이 묵언수행하는 라마승이었다면 노모는 착한 보살이었을 테다. 시골에서 고적한 시간을 보내며 퇴행성 관절염과 대장암 진단을 받은 어머니는 경기도 남부의 한 요양병원에서 숨을 거뒀다. 한 상조회사의 도움으로 어머니 장례를 치렀는데, 오열하는 동생들과 달리 나는 시종

담담했다.

어머니는 가난의 무두질이 거듭되며 착한 본성은 활짝 피지 못한 채로 삭막해지고, 덕성과 부드러움은 말라붙고 말았을 테다. 시나 음악의 효용성을 인정하지 못한 어머니를, 아들에 대한 걱정으로 뜬눈으로 지새우며 기도하던 날들도 있었을 어머니를 막 대했다. 어머니는 아들의 성냄과 엇나감에 어찌할 바를 모른 채 난감했으리라.

베르톨트 브레히트는「나의 어머니」라는 시를 남겼다. 그는 죽은 어머니는 땅을 누르지 않는다,라고 시에 썼다. 어머니들은 늙어가며 몸피가 준다. 죽고 난 뒤엔 어머니는 나비보다 꽃잎보다 더 가벼워졌으리라. 그랬으니 어머니가 묻힌 한 뼘 땅도 어머니의 무게를 느끼지 못했을 테다. 내 거친 분노와 메마름이 불효의 증표였다는 건 분명하다. 나이가 들어가면서 어머니를 다정하게 대하지 못한 회한에 가슴이 메어진다.

○ ○ ○

미국으로 떠난 아들이 10년 만에 한국으로 온다고 한다. 아무 연줄도 없는 미국에서 정착하느라 적잖이 고생했을 아들이 대견하면서도 한편으로 애틋하다. 자식들은 부모에게서 생명을 얻고 그 뒤에도 자양분을 취하고 떼어간다. 그러건만 자식이 애틋한 것은 피의 본성 탓이리라. 가족은 어둠

속의 검은 개와 같다. 보호색 안에 있을 땐 눈에 잘 띄지 않지만 울타리 밖으로 사라지면 그 존재감이 또렷해지는 것이다.

사람은 사회의 최소 단위인 가족 내에서 혈연을 바탕으로 유대관계를 맺고 살아간다. 가족 내부가 항상 평화로운 것은 아니다. 가족 간 불화는 드문 일이 아니다. 그 불화는 감정이입과 소통의 기술 부재에서 기인한다. 상대가 보내는 신호망을 해독해야 감정이입을 잘할 수 있는데, 이것이 부족해서 불화가 불거진다.

가족 내부는 어린아이들이 감정을 조절하는 법을 배우고, 자아 성장을 겪으며 성장 스토리를 써가는 사적 영역이다. 감정을 "행동에 특별한 '기분' 또는 '색조'를 부여하는 어떤 것"이라고 언급한 것은 감정 사회학 학자인 에바 일루즈다. 감정은 기분이 아니라 행동의 내적 에너지인 동시에 인지, 정서, 판단, 욕구, 육체 등등이 얽힌 복합적인 그 무엇이다. 그것은 자아의 영역에 속하면서 사회생활에서 중요한 기제로 작동한다.

가족은 생물학적 소우주, 처음 겪는 사회 집단, 변덕스러운 날씨와 질병들, 크고 작은 외부의 위험에서 우리를 지켜주는 최후의 보루다. 가족 내부에서는 혈연 공동체인 구성원들의 자아 정체성과 그 내러티브가 빚어진다. 그 내러티브가 사랑으로 넘치는 것만은 아니다. 사실을 말하자면 가족 내부는 말이 많고 탈이 많다. 가족 간 애틋한 사랑의 발원지이자 개별자의 자유를 옥죄는 멍에다. 가족 간에 상처를 주고 트라우마를 남기는 일은 흔하다. 애증을 품고 가족 내부에서 이탈해서도 가족을 향한 사랑과 정을 끊지 못한 채 서로를 그리워하는 게 인간이다. 가족은 우리가 누린 안녕과 보람과 기쁨들의 요람이고, 그 내부에서 쌓은 추억들은 우리 감정의 중요한 재화라고 할 수 있다.

미셸 자우너의 『H마트에서 울다』를 읽고, 가족의 의미를 되새겨 본다. 미셸 자우너는 백인 아버지와 한국인 어머니 사이에서 태어난 여성이다. H마트는 미국 내 한식 식재료를 파는 식료품점이다. H마트에서는 한국 라면, 설렁탕, 미역국, 붉은 고춧가루, 떡볶이, 어묵, 멸치액젓, 마늘, 생강 같은 음식과 그 재료들을 구할 수 있다. '나'의 식성은 어머니와 마찬가지로 한국식이다. 두 사람의 외모는 다르지만 한식이라는 정서적 탯줄로 연결돼 있는 셈이다. 미셸 자우너는 자신의 어머니가 미국 어머니들이 하듯이 『호밀밭의 파수꾼』을 권하거나 롤링 스톤스 레코드판을 권하지 않았다고 고백한다. 하지만 가족은 인류학적으로 똑같은 유전자와 삶의 기억에서 하나가 되는 혈연 공동체다. 가족은 피의 기질과 본성을 공유하고 식성과 욕구도 상호 모방을 하며 닮는다. 어머니는 한식을 만들어 가족과 함께 먹는 걸 좋아한다. 어머니는 미셸 자우너에게 김치를 좋아하지 않는 사람과는 연애하지 말라고 이른다. "너한테서 항상 김치 냄새가 날 거야. 그 냄새가 네 땀구멍으로 배어 나올 테니까."

가족은 식욕과 입맛으로 결속하는 취향 공동체다. 자신과 같은 공동체에 속한 어머니가 죽자 '나'는 상실에 따른 그리움을 앓는다. 어머니가 만들어 준 음식이 추억의 불씨가 되고 그리움의 끄나풀이 된다. 어머니가 세상을 뜨자 서울에서 태어나고 "술과 담배와 노름"을 좋아하는 할머니와 찜질방을 즐겨 찾는 이모들 속에서 어린 시절을 보낸 '나'는 제 몸에 각인된 한국 풍습과 문화를 그리워한다. '나'는 어머니를 떠올리며 김치를 담그고 한식을 만들어 먹으며 그리움을 달랜다.

『H마트에서 울다』는 애도와 그리움에 관한 책이다. 자기 안에 인 박인 입맛과 문화에 대한 그리움이 절절하고, 가슴을 치며 울고 싶은 애통함으로 가득 찬 책이다. 상실과 몰락은 존재의 불가결한 실존 조건이다. 상실 없는 삶이란 있을 수 없다. 사실 삶이란 상실의 경험 속에서 빚어진다고 할 수 있다. 우리가 사랑한 것들은 망각과 소멸, 세월의 파괴 속에서 자취 없이 사라진다. 가장 고통스럽고 애닯고 쓸쓸한 상실은 가족의 죽음이다. 가족이 죽으면 유품들은 소각되거나 증여되고, 소수의 물품만 남아서 보존되는데, 이마저도 나중에는 흔적조차 없이 사라진다.

엄마의 자장가를 들으며 가족의 슬픔과 기쁨을 공유하

는 가족의 일원으로 자란 사람은 행복하다. 가족은 백악기의 차가운 암석들로 이루어진 달이 아니라 무시로 서로를 호명하고 사랑과 의무를 나눠 지는 공동체다. 하지만 우리는 사랑과 관심이란 명분으로 서로를 구속하고 물어뜯기도 한다. 오죽하면 아무도 안 볼 땐 어딘가에 갖다 버리고 싶은 게 가족이라고 했을까.

　자아를 감싸고 보호하는 울타리이자 은신처이고, 가끔 아울러 내다 버리고 싶을 만큼 지긋지긋하고 성가신 집이 바로 가족이다. 대개는 어른이 되어서야 가족 공동체에서 이탈한다. 결혼과 함께 새 가족을 꾸린 다음에야 자립이 완성된다. 부모는 늙고 형제자매들이 뿔뿔이 흩어진 다음 가족은 빈 둥지로 남는다. 가족 해체의 시대에 가족 간의 결속력과 의미가 예전보다 퇴색한 걸 부정할 수 없다. 그럼에도 가족이 조만간 사라질 것이란 전망에는 동의할 수 없다. 나는 백 년 뒤의 미래에도 가족은 인류를 지속 가능하게 떠받치는 사회적, 생물학적 토대로 굳건할 거라고 믿는다.

폭력:
우리 곁을 떠도는 유령

삶에서 구할 것은 대단한 기적이 아니라 작은 평온과 고요의 한 조각일지도 모른다. 우리 삶의 안녕을 떠받치는 것은 바로 그 평온과 고요의 조각들이다. 당신은 아침 일찍 동네 빵집에서 갓 구운 빵을 사고, 단골 카페에서 애정하는 작가의 책을 읽는다. 오후엔 상수리나무 숲속을 거닐며 한가롭게 보낼지도 모른다.

인생 대부분은 사건이 없는 밋밋한 하루들로 채워진다. 그 하루는 공짜로 얻어지는 게 아니다. 누구도 열망과 엄청난 에너지를 투여하지 않고는 그걸 거머쥘 수 없다. 일상이란 얼마나 작은 충격에도 쉽게 무너지는가! 우리는 잃어버린 다음에야 그것의 소중함을, 당연한 듯 여겼던 보통의 하루가 얼마나 큰 기적인가를, 화들짝 놀라며 깨닫는다.

2022년 8월 12일 11시 15분 전, 금요일 오전, 뉴욕시의 한 원형극장 무대에 올랐던 유명한 작가가 피습을 당한다. 『악마의 시』를 쓴 일흔다섯 살의 작가 살만 루슈디가 피습을 당한 주인공이다. 가해자는 무슬림 극단주의자들 중 하나로 스물넷 된 청년이다. 그는 느닷없이 튀어나와 노작가의 목과 눈을 칼로 찔렀지만 이 흉측한 '영웅'의 역겨운 의도는 실패로 돌아간다. 루슈디는 열다섯 군데나 자상을 입고 눈 한쪽을 잃었지만 다행히 생명은 지켜냈다.

과연 가해자는 알았을까? 그가 휘두른 칼이 루슈디의 목을 관통했을 때 단박에 한 사람의 자유를 앗아갔으며, 일상과 평화를 산산이 부숴버렸다는 것을. 루슈디는 죽음 직전의 상태로 외상병원으로 호송되어 칼로 베이고 찢긴 데를 금속 봉합기로 고정한 채 수술을 받는다. 외과수술은 잘 끝나고, 그는 다시 재활 훈련을 받으며 혼자 샤워를 하고 걷는 법을 배운다. 이제 건강 상태로 돌아간 그는 경찰과 보안회사 인력의 철저한 경호 아래 보통의 삶을 찾아가는 중이다.

루슈디를 공격한 도구는 칼이다. 칼은 주방에서는 조리 도구지만 누군가를 찌를 때는 무기가 된다. 칼은 도덕적으로 나쁘거나 좋은 게 아니다. 칼은 그걸 손에 쥔 자의 의도에 따라 그 도덕적 평판이 달라진다. 작가에겐 언어가 곧 칼이다. 루슈디는 제 피습 과정의 전말을 담은 『나이프』라는 책을 펴낸다. 거기에서 "언어도 칼이었다. 언어는 세상을 베어 세상의 의미를, 그 내적 작동 방식과 비밀과 진실을 드러낼 수 있었다. 언어는 하나의 현실에서 다른 현실로 베어 들어갈 수 있었다."라고 쓴다.

인류는 태초 이래 폭력에 노출된 채로 생존을 이어왔다. 인류 역사가 폭력에 얽힌 고약한 서사로 얼룩져 있다는 점에서 폭력은 역사의 상수다. 개인 간 다툼에서 빚어진 소규모 폭행들, 즉 교제 살인, 조리돌림, '학폭'이 존재한다. 그리고 히틀러의 유대인 학살, 일본 군대의 중국 난징 시민 도륙, 크메르 루주가 벌인 자국민 150만 학살, 1980년 5월 항쟁 시민 학살이 존재한다. 폭력의 범주는 아주 넓고, 이 끔찍한 것이 세상에 편재한다는 사실은 삶이 폭력과의 투쟁에서 쟁취되는 것임을 뜻한다.

살만 루슈디의 피습 사건이 일러주는 것은 폭력이 삶의 어둡고 추악한 일부로 존재한다는 점이다. 증오와 악의에 의해 추동된 폭력은 누군가의 목숨을 빼앗고, 꿈과 행복을 일그러뜨린다. 폭력은 피해자의 인간 존엄을 부수며 평생 잊을 수 없는 훼손의 흔적을 남긴다. 우리는 이미 일어난 폭력과 미구에 일어날 폭력 사이에 존재한다. 삶에 음침한 그림자를 드리운 채 호시탐탐 공격할 기회를 엿보는 폭력이 범람하는 세계에서 우리가 멀쩡한 신체로 먹고 웃으며 기도하고 산다는 건 일종의 기적이다. 현실에서 벌어지는 광기 어린 폭력의 사육제에서 살아남은 것은 기뻐할 만한 일이다. 폭력은 인류 공동체가 힘을 합쳐 싸워야 할 대상이다. 우리 곁을 떠도는 이 유령은 우리와 가족을 공격하고, 일상의 안녕과 평화를 깨부술 것이기 때문이다. 우리 생명과 존엄, 가족의 안위, 사회의 질서와 도덕적 가치를 지켜내기 위해 모든 형태의 폭력, 광기와 증오에 맞서고 싸워야 한다.

○ ○ ○

2022년 5월 22일 새벽 5시경, 한 여성이 오피스텔 엘리베이터 앞에서 낯선 남자의 공격을 받는다. 건장한 남자는 돌려차기로 20대 여성의 뒷머리를 가격하고 널브러진 여성을 끌고 가서 성폭행을 저지른다. 여성 피해자는 일면식도 없는 30대 남자에게 이유도 없이 가격을 당해 뇌출혈과 해리성 기억상실 증상으로 입원 치료를 받는다. 가해자는 감옥에 수감되었는데, 무고한 여성 피해자를 다시 공격하겠다고 해서 우리를 경악하게 만들었다.

가해자는 1심 재판부의 12년 선고 형량에 불복하고 항소한다. 2심 재판부는 강간살인미수죄를 더해 형량을 20년으로 높인다. 가해자가 감옥에서 '탈옥해서 피해자를 찾아가겠다'고 겁박하는 말을 뻔뻔스럽게 내뱉는 상황에서 용기를 낸 피해자는 범죄 피해자 100여 명을 만나 그들의 경험을 듣고, 거기에 제 경험을 보태서 『싸울게요, 안 죽었으니까』라는 책을 펴낸다. 폭행 피해자 여성에게서 나온 작은 외침이 우리 사회에 편재한 폭력의 잔혹함에 대한 경각심을 일으키기를 소망한다.

폭력은 타자에게서 온다. 그런 까닭에 타자의 낯섦은

불안을 자극한다. "지옥, 그것은 타인이다."(사르트르)라는 선언은 그 불안을 환기시킨다. 코로나 팬데믹 시국에서 타자는 질병을 옮기는 잠재적 보균자라거나, 내 생명에 위해를 가할 수 있는 위험한 존재라는 점에서 불안과 두려움의 대상이었다. 우리는 '나르시시스적 내면성'에 갇힌 채 타자를 밀어낸다.

철학자 한병철은 예의에 대해 "타자의 다름을 보는 능력"이라고 말한다. 타자의 다름을 받아들이지 못하는 사회는 후진 사회다. "내가 타자의 다름을, 타자의 그러함So-Sein을 그대로 용인하고 긍정하는 그런 타자와의 관계가 가능하"기 위해서는 "타자를 다르게 구성하는 작업, 파괴적인 면역저항을 촉발하지 않도록 타자를 재구성하는 작업"이 전제되어야 한다. 그것은 타사와의 관계를 우의와 관용의 관계로 바꾼다. "우의는 타자를 그저 소극적이고 무관심한 태도로 내버려두는 것이 아니라 적극적인 관여의 태도로 타자의 그러함과 관계 맺는 것을 의미한다."○

관용과 우의가 사라진 자리에는 괴물들이 내뱉는 막말과 폭력이 번성한다. 폭력이 활개 치는 세계에서 약자들은 불안에 숨을 죽인다. 누군들 괴물을 이웃으로 두고 싶을까? 선량한 이웃과 안전한 사회에서 살기를 갈망한다면 우리

○   한병철, 김태환 옮김, 『폭력의 위상학』(김영사, 2020).

는 폭력에 맞서서 연대하고 우의와 관용의 정치를 부흥시키는 데 힘을 보태야 한다. 누가 증오와 혐오의 말을 쏟아내는가? 이들은 정체가 불분명한 유령들이다. 우리 사회의 배후에 떠도는 이 유령들은 우리와 같은 옷을 입고 친절한 웃음을 보이다가 어느 순간 표변하며 제 안의 비열함과 포악성을 드러낸다. 폭력은 이 비열하고 비천한 유령들의 놀이다. 이들은 뜻밖에도 나약한 존재들이다. 이 가짜 영웅들은 우리 안의 두려움과 불안을 먹고 몸피를 키운다. 우리가 폭력의 방관자가 된다면 이 가짜 영웅들의 암묵적 동조자로 전락할 수 있다. "싸울게요, 아직 안 죽었으니까요"라는 피해자의 외침에 귀를 기울이고, 그를 응원하자. 그것이 피해자와 연대하는 길이다. 또한 그것이 폭력 없는 세상을 향한 우리 의지를 다지는 첫걸음이어야 한다.

희망:
새로운 것을 내놓는 산파

계절이 겨울로 접어들자 일년초 식물들이 덧없이 시들고 활엽수는 한파 속에서 헐벗은 채 떨고 있다. 가로수 그림자가 길어질 때 마음에 고적함과 쓸쓸함이 번지는 것은 어쩔 수가 없다. 올해 새 시집이 나오고, 책을 두어 권 더 썼다. 시력은 조금 나빠지고, 혈당 수치는 잘 관리되는 편이다. 해가 바뀔 때마다 내면이 고갈되고, 우울이 깊어지는 것은 늙음 탓이고, 희망의 총량이 줄어드는 탓이다.

자유가 없는 땅에서 숨을 죽인 채 사는 사람들, 병실 침상에서 이 세상에서의 마지막 숨을 가쁘게 내쉬는 이들이 있다. 업장의 문을 닫으며 비탄에 빠진 소상공인들, 찬 바닥에 하룻밤을 의탁하는 노숙자들도 있다. 구직 활동에도 직장을 구하지 못한 청년들은 절망한다. 지금 희망을 잊은 채 불안에 떠는 이들에게 당장 필요한 것은 무엇인가? 한 발 더 디디면 나락으로 떨어질까 두려워하는 이들에게 한 줌의 희망은 그들의 생명을 살리는 양식이 될 테다.

흔히 희망을 어둠을 비추는 빛에 견준다. 어둠은 나쁜 꿈, 깨진 약속, 부도난 어음이다. 어둠에 사로잡힌 영혼은 희망을 탕진한 채 떠도는 탕아다. 절망이 넘치는 곳에는 실낱같은 한 줄기 빛 같은 희망이 필요하다. 희망은 역설적으로 희망이 없는 곳에서만 싹튼다. 희망의 부르짖음이 들끓는다면 바로 그 자리가 희망이 없는 곳이란 반증일 테다.

희망이란 내일에 대한 기대에서 싹튼다. 그 기대가 현재의 불안과 고통을 견디게 한다. 희망은 미래에 거는 기대, 결단과 행동을 낳는 조건, 도약하는 힘이자 불굴의 의지를 북돋우는 불꽃이다. 희망은 절망에 대한 처방약이자 우리 안에 웅크린 호랑이다. "희망은 도약의 순간이 도래했을 때 도약하고자 웅크리고 있는 호랑이와 같다." 내 기억이 정확하다면 이것은 예전에 에리히 프롬의 책에서 읽은 말이다. 희망을 품고 견디는 이들은 가슴에 호랑이를 품고 사는 것과 같다. 희망이 없는 자는 도약하지 못한 채 무릎을 꿇는다.

가끔 고양이에게도 희망이 있을까를 생각한다. 희망이란 미래에 대한 기대인데, 고양이의 지략은 오늘이라는 한계에 갇힌다. 고양이는 오늘 너머를 보지도 못한다. 상상력에 기초한 광역 사고가 불가능한 고양이들은 배고프면 칭얼거리고 심심하면 사냥놀이를 하자고 조를 뿐이다. 낯선 사람을 두려워하고 제 새끼와 이별할 때 슬퍼한다. 고양이들은 외부 자극과 반응으로 이루어진 즉물적인 세계에 속해 있다. 우리는 내일이란 개념이 없는 고양이들과 내일의 일을 약속할 수 없다. 오직 인간만이 내일에 기대를 품고 희망이라는 끈을 붙잡는다.

"희망은 새로운 것을 태어나게 돕는 산파다." 이것은 철학자 한병철의 말이다. 희망은 아직 아님을 넘어서서 예기치 않은 기적을 낳는다. 기적은 희망을 타고 온다. 그런 점에서 희망은 무에서 새로운 것을 빚어낸다고 할 수 있다. 희망은 미래를 향해 열린 정신이고, 쓰러진 자리에서 일어서게 하는 힘이다. 희망하라! 희망이 기적을 만들고, 가능성을 향해 날아오르는 이들을 도우리라. 희망은 미래에 대한 긍정의 산물이다. 지금보다 미래가 더 좋으리란 기대가 없다면 희망도 없다.

희망이 없는 자들은 불가능 앞에서 무너지고 좌초한다. 희망 없이는 존재의 갱신도 이룰 수 없다. 그리고 의미의 생산도 전혀 불가능하다. 많은 이들이 고립 속에서 탄식하며 절망의 바닥으로 가라앉는다. 희망은 발랄한 갱신, 미래와의 약속이다. 그것은 불안과 난관을 뚫고 결단하고 나아가는 힘에서 나온다. 난파되어 침몰하는 배에 타고 있는 절망의 순간 하늘의 별에게 물어야 한다. 어떻게 하면 살겠느냐? 별들은 대답한다. 거기에서 도망가라. 그리고 다시 일어서서 걸으라!

희망의 발생론적 근거는 나르시시즘이 아니라 충만함이다. 무언가를 희망한다는 것만으로 우리 안은 충만하다. 절망 앞에서 무릎 꿇지 마라! 희망은 우리가 기댈 삶의 무형자산이다. 그것은 삶에의 의지를 포기하지 않게 하며, 우리의 자존감을 높이는 명예로운 그 무엇이다. 자, 오늘 가망 없는 희망일지라도 그것을 힘껏 품어보자.

오, 어머니, 희망의 폐허에서 떨고 있는 우리를 불쌍히 여기소서. 빛이 없는 곳에 빛을, 절망이 들끓는 곳에 희망을 주소서. 오, 어머니, 고난에 무릎이 꺾인 자를 일으켜 세우시고, 우리 영혼의 현弦을 팽팽하게 당겨주소서. 활시위에서 튕겨 나간 화살인 듯 우리 영혼이 저 먼 곳을 향하여 날아가게 하소서.

피로:
얼굴 없는 유령

언제부터인가 얼굴 없는 유령이 우리 주변을 떠돈다. 이 유령은 삼키고 덮칠 대상을 고른다. 이 유령은 먹잇감을 찾는 맹수같이 우리 뒷덜미를 잡아챈다. 이 유령의 정체는 무엇인가? 그것의 이름은 피로다. 기분도 느낌도 아닌 이것은 모양도 형체도 분명치 않다. 피로는 항상 더 많은 성과를 내고 더 오래 일하라고 다그치는 사회에서 폭증한다. 우리는 서로에게 피로를 권하는 사회에서 산다.

가난한 살림을 꾸리느라 험한 일을 마다하지 않던 어머니의 삶은 고단했다. 아버지가 사업에 실패를 하고 일을 손에서 놓았다. 자식 다섯을 돌보고 생계를 꾸리는 일은 어머니의 몫이 되었다. 어머니는 화장품 방문판매나 야쿠르트 배달같이 고단한 일을 했다. 종일 발품을 팔다가 귀가한 어머니는 "사는 게 고단하구나!" 하며 한동안 전혀 움직이지 못했다. 어렸지만 늘 노동에 지친 어머니를 통해 삶이 노동과 수고로 이루어진다는 걸 실감했다. 어머니는 피로라는 말을 입 밖에 낸 적이 없다. 그저 노동의 수고에 순응했을 뿐이다. 스무 살 때 밤새워 책을 읽고 글을 썼다. 내 정신은 맑고 몸은 거뜬했다. 밤샘하고 코피를 쏟아도 자기 극기의 뿌듯함에 취했을 뿐이다. 젊음은 갓 씻은 야채처럼 싱그러웠다. 나이가 들어서야 비로소 피로의 정체를 알게 된다.

노동, 업무, 창작, 연애, 육아, 놀이는 수고이고 근육의 힘을 써야만 하는 것이다. 우리의 현재는 일과 수고로 가득 차 있다. 일은 존재 증명의 한 수단이지만 그것들은 필연적으로 피로를 낳는다. 오늘날 과로에 내몰린 많은 노동자들이 자기도 모르는 사이에 피로의 순교자가 되도록 강요를 당한다. 울산에서 한 택배 노동자가 의식을 잃고 쓰러졌는데, 그는 택배 터미널에서 날마다 열 시간씩 일하는 노동자였다. 그는 긴급 호송되어 병원에 실려 갔지만, 결국은 죽었다. 허망한 죽음이었다. 사인은 협심증과 심부전이었다. 주당 60시간을 초과하는 노동과 나쁜 노동 조건이 그의 지병을 악화시킨 것으로 밝혀졌다. 피로가 신체의 임계치를 넘길 때 발생하는 스트레스는 뇌출혈, 심근경색, 심장마비를 낳는다. 노동이 피로를 누적한다는 느낌이 오면 그것은 미약한 죽음의 신호다.

바쁨은 인간을 전일 노동에 예속화하는 산업사회 이후에 나타난다. 효율성을 섬기는 사회에서는 생산의 나태와 노동에의 게으름을 단죄하고, 안식과 휴식을 누리는 순간을 수치로 만든다. 반대로 한가로움은 사회악이라는 평판을 뒤집어쓴다. 문명의 휘황찬란한 성과의 배후에는 주체들의 자기희생과 과로가 도사리고 있다. 피로는 일과 수고, 노동자의 땀과 피를 먹고 자란다. 피로 자각은 산업화 시대 이전에는 없었다. 그때도 노동의 수고는 있었지만 그건 피로와는 다른 무엇이다. 인간이 신과 신성에서 떨어져 세속화로 떠밀려 온 현대에 와서 피로는 사회적 질병으로 규정되었다. 무기력은 피로의 유력한 징후다. 철학자 에마뉘엘 레비나스는 무기력이 미래에 대한 피로라고 말한다.

당신은 천진한 얼굴로 피로가 무엇이냐고 묻는다. 피로란 수고와 노동의 사이에서 겪는 존재 사건이고, 노동의 강제에 놓인 사람에게 닥치는 현상이다. 에너지가 고갈된 신체, 더 정확하게는 수고에서 파생되어 근육에 들러붙는 잉여를 가리킨다. 일에는 신체 에너지와 건강이라는 가용 자산이 필요하다. 노동에 투여하는 이 유한자산이 바닥을 드러내면 신체는 마비와 수동성에 사로잡혀 더 이상 할 수 없음에 이른다. 지금 유령처럼 떠돌며 먹잇감을 찾는 그토록 하찮은 피로가 마치 맹금이 날개를 펴고 달려들듯 우리를 덮친다. 노동하는 인간의 불가피한 운명인 피로는 폭력이자 인간이 처한 위기 중 하나다.

피로는 한마디로 생명의 고갈이자 무기력이다. 사소해서 위험성을 인지하지 못한 채 간과해 버리는 존재 사건이다. 영혼을 덮치는 무거움, 아무것도 할 수 없는 사로잡힘이다. 말하자면 피로는 오늘날 사회에 유포된 잠재적 죽음이고, 더 나아가 존재의 고갈에 이르는 자기 착취, 약동의 침식, 공들여 존재 죽이기다. 이것의 정체는 자기에게서 멀어짐, 삶이 아니라 죽음을 고무하고 있다는 증거, 삶에서 의미의 실현이 한없이 지체되고 있다는 징후다. 피로가 조금씩 감당하는 작은 죽음이라면 과로사란 피로의 연쇄가 일으킨 재앙이다.

당신은 피로한가? 피로하다고 말하는 순간은 당신이 죽음이라는 경계에 다가갔다는 증거다. 당신을 과로로 내모는 삶은 결코 좋은 삶이 아니다. 그걸 멈출 길은 없을까? 과연 우리는 피로의 덫에서 벗어날 수 있을까? 우리는 일과 휴식 사이에서 삶의 균형을 찾고 스스로를 구원할 수 있을까?

신념:
우리 정체성의 일부

지방 강연을 위해 KTX 열차를 타러 서울역에 가면 종종 마주쳤다. 그는 날씨가 궂거나 맑거나 상관하지 않고 "불신 지옥 믿음 천국"을 외치며 서울역 일대를 누비는 사람이다. 구두는 낡고 입성은 후줄근하다. 그를 보며 생계는 어떻게 해결하는지, 제 일에서 보람을 느끼는지가 궁금했다. 붙잡고 물어본 적은 없지만 그가 기독교 신자임은 확실하다. 제 신앙을 널리 알리려고 나선 까닭은 갸륵한 종교적 신념 때문일 거라고 추측한다. 그와 엇갈리며 신념이란 무엇일까 하는 물음이 떠올랐다.

신념은 살리기도 하고 죽게도 한다는 점에서 칼이다. 칼은 주방의 조리 도구지만 살상용 무기로 쓰이면 흉기로 변한다. 신념은 어떤 사회적 맥락에 놓이느냐에 따라 의미가 달라진다. 사람은 신념에 따라 말하고 행동한다. 그리고 타인의 신념에 동조하거나 저항한다. 누구나 제 신념에 따라 무엇을 하거나 무엇을 하지 않는다. 누군가는 채식을 하고 누군가는 돼지고기를 먹지 않는다. 누군가는 복음을 전도하고 누군가는 종교 따위는 필요 없다고 말한다. 누군가는 총을 들고 싸우고 누군가는 징집을 거부하고 집총을 거부한다. 신념은 우리를 움직이고 우리 안의 속사람을 드러내기도 한다.

　신념은 주변의 영향에 따라 내면에 응집한 사고 체계다. 그것은 고집이나 편향된 관념, 혹은 굳어서 고착되어 버린 생각과는 다르다. 그것은 순정하고 고결한 가치를 향한 믿음이고, 더 세밀하게 보면 믿음, 판단, 감정, 가치관의 총합이다. 신념이 사회적 자아의 한 부분이고 정체성을 이루는 중요한 성분이라면 내 신념은 어떻게 탄생하는가? 신념을 빚는 데 영향을 미치는 것은 지역, 환경, 문화, 이념, 인종, 성별, 종교, 세대, 성적 지향성 따위들이다. 이것들이 우리 안에 스미고 섞이면서 미분화 상태의 생각들이 윤곽을 갖추며 또렷한 하나의 형태를 갖출 때 이를 신념이라고 한다. 이렇게 내면에 자리 잡은 신념은 평생 우리의 말과 행동의 원천이며 삶의 숨은 원리로 작동한다.

　신념은 주체의 말과 행동, 감정의 결과 의지의 방향성을 조종한다. 사람은 여러 신념들에 둘러싸인 채 평생을 산다. 우리는 저마다 다른 신념을 가진 사람들에 둘러싸여 사는데, 특히 정치와 종교의 분야에서 분명한 차이를 드러낸다. 신념의 다양성은 우리가 피할 수 없는 실존 환경이다.

동일한 신념을 가진 집단에서 사람들은 서로의 신념을 복제하고 동화되면서 응집한다. 현실에서 눈에 띄게 두드러지는 것은 진보 신념과 보수 신념의 대립과 갈등이다. 진보와 보수로 갈린 사람들이 보는 현실은 하나가 아니다. 한쪽은 현실을 안정적으로 유지하자고 주장하고, 다른 한쪽은 현실을 더 낫게 바꾸자고 주장한다.

초기 보수 이념을 가다듬은 사상가가 에드먼드 버크라면 진보 신념에 자양분을 대준 이는 존 로크다. 보수 신념의 핵심 가치는 전통, 안정성, 질서, 점진적 변화다. 보수는 토지와 지대, 금융 자산을 제 피난처로 삼는다. 반면 진보는 도덕적 평판, 명예, 양심에 따른 행동을 중요하게 여긴다. 진보는 혁신과 평등, 자유의지, 자율성, 민주주의를 제 신념의 근간으로 삼으며 보수 체제를 비판한다.

서로 다른 신념은 제 이익을 위해 맞서고 충돌한다. 상대를 악마화하는 신념, 이성적 판단을 넘어선 신념, 괴이하게 비틀린 신념은 항상 독재나 파시즘의 좋은 먹잇감이다. 이 세상의 모든 독재 권력이나 전체주의 권력은 그 먹잇감을 삼키며 몸피를 키운다.

현실이 요동치는 국면에서 당신의 신념이 위험을 불러올 수도 있다. 그러니 신념을 의심하고 돌아보라. 의심이 없는 신념은 잘못된 행동을 낳는다. 의심받지 않고 견제받지 않는 신념은 폭탄과 같다. 내 신념이 항상 옳지 않을 수도 있다. 나는 항상 옳고 너는 틀렸다는 경직된 태도와 자기 신념의 무오류성에 대한 과도한 집착이 확증 편향을 키우는 사이 신념은 외부에서 유입된 불순물과 뒤섞이며 더럽혀진다. 종교 신념의 극단화는 광신으로, 정치 신념의 극단화는 테러리즘으로 이어진다. 이것들은 독재나 파시즘 체제의 불쏘시개로 세계를 불구덩이로 내모는 끔찍한 사태를 만든다.

    내 신념이 사회적 자아를 빚고 나를 하나의 전체로 발명한다. 우리 삶은 신념에 따라 다른 모양을 갖추는데 이는 삶이 다른 신념으로 짠 피륙이기 때문이다. 신념은 정치적 올바름, 도덕적 당위, 타인을 향한 환대와 만날 때 상생을 일궈내며 빛날 수 있다. 다양한 신념들이 한 사회 내에서 건강한 방식으로 비판과 견제를 하며 공존하는 게 옳다. 어느 한쪽으로 쏠리지 않은 신념은 건강한 사회 건설을 위한 초석이다. 새도 좌우 날개의 균형이 맞아야 잘 날 수 있다. 좌와 우의 균형을 이루지 못한 새는 지속해서 날지 못하고 추락한다. 균형을 잃은 신념은 기능을 상실한 날개와 같다.

벌새:
이 세상에서 가장 작은 스승

우주에서 지구는 바늘 끝보다 더 작은 점이다. 그토록 작고 존재감이 없지만 지구는 온갖 생명체를 품은 채로 골딜록스 존Goldilocks zone의 궤도를 돈다. 지구와 질량이 똑같을 뿐만 아니라 생태계가 같은 쌍둥이 행성은 없다. 우리가 지구에서 계절의 순환을 겪으며 삶을 꾸리는 건 인간이 지구에서 벌어지는 사건과 사고의 생존자라는 증거일 테다. 한 세기 전만 해도 인류는 지구에서의 삶과 미래에 대해 낙관적이었다. 그런데 지구는 뜨거워지고 종잡을 수 없는 기후 재난이 인류를 위협한다. 그럼에도 인류가 고양이와 앵무새와 전갈들과 이 녹색 행성에서 함께 살아 있다는 것이 행운이고 경이로운 일이라는 사실에는 변함이 없다.

  정오 무렵 원고를 끝내고 기지개를 켠 뒤 책상 앞에서 일어난다. 배가 출출한데 냉장고에는 끼니를 해결할 만한 식재료가 없다. 잠시 망설이다가 동네의 베트남 음식점으로 볶음면을 먹으러 간다. 내가 테이블에 앉아 주문을 한 볶음면을 받을 때까지는 약 20분 정도가 소요된다. 마침내 먹음직한 볶음면을 젓가락으로 말아 올려 입으로 가져가는데 볶음면의 면발은 쫄깃쫄깃하고 간은 입맛에 맞다.

　꼬마벌새는 세상에서 가장 작은 새로 몸무게가 2그램쯤 된다. 이 작고 부지런한 몸통의 벌새는 하루치 열량을 취하려고 날마다 1,500송이의 꽃을 방문한다. 꼬마벌새는 긴 혀를 써서 꽃 속의 꿀을 빨아 먹는다. 수컷 꼬마벌새는 암컷 앞에서 초당 100회 이상 날갯짓을 하며 구애를 한다. 그리고 에너지 소모를 줄이기 위해 밤에는 심장 박동과 신진대사를 멈추고 휴면 상태에 든다.

　벌새는 꽃들 주변에서 초당 80회 안팎으로 날개를 펄럭인다. 벌새가 28만 8천 회 정도 날갯짓을 하는 시간과 내가 볶음면을 주문하고 접시를 다 비우는 데 드는 시간은 얼추 비슷하다. 같은 시간 동안 1977년에 미국 나사(항공우주국)에서 발사한 우주 탐사선 보이저 1호는 목성과 토성을 지나 우주 성간으로 진입해 5만 5천 킬로미터를 비행한다. 내가 볶음면 한 그릇을 먹는 동안 보이저 1호가 우주 성간을 가로지른다. 무한의 가장자리에서 일을 하는 동안 우리는 초목의 성장을 눈치채지 못한다. 시간의 흐름 속에서 계절은 순환하고, 초목들은 자라서 꽃을 피우고 열매를 맺는다. 분유를 먹고 까르륵거리던 아기가 성장해 제 갈 길을 찾아 떠나는 동안 우리는 속수무책으로 늙는다.

영원이란 척도에 견주자면 삶은 전기 누전으로 빛이 번쩍이는 찰나에 지나지 않는다. 이 말은 소설가 블라디미르 나보코프의 것이다. 2억 5천만 년이란 시간은 지구를 어떻게 바꿀까? 대륙붕은 지표면 아래에서 쉬지 않고 움직이지만 속도가 느린 탓에 우리는 대륙붕의 이동을 눈치채지 못한다. 2억 5천만 년에 걸친 대륙붕의 이동 거리는 실로 장대할 것이다. 지질학자들은 남·북 아메리카 대륙은 바다를 사이에 둔 채 멀어지고, 호주는 아시아 대륙에 붙는다고 말한다. 태양은 덜 뜨겁고, 달은 지구에서 멀어져 간조와 만조의 간격도 지금과는 달라질 테다.

벌새의 몸통 길이는 고작 5센티미터다. 이 초소형 몸통으로도 수천 킬로미터를 너끈히 이동한다. 벌새는 다른 어떤 새보다 더 빠른 날갯짓을 하며 제 무게보다 더 많은 꿀을 섭취해야 할 만큼 에너지 소모가 크다. 벌새 수명은 대략 3년에서 5년이다. 70, 80년 안팎을 사는 인간에 견주면 벌새의 생은 너무 짧다. 벌새보다는 오래 살지만 영원의 잣대로 재자면 인간의 생도 짧기는 마찬가지다.

인간은 무언가를 도모하고 여러 일들을 처리하며 살아간다. 삶은 현재를 감각하는 상태에서 실행되고 그 형태를 빚는다. 현재란 나룻배의 뱃머리에서 이물까지 이동하는 데 드는 시간이다. 손 뻗으면 닿을 만한 거리를 오가는 데 드는 물리적 시간은 아주 짧다. 과거와 미래 사이에 걸친 현재의 시공 속의 일에만 매몰될 때 뜻밖에도 우리는 많은 걸 놓친다. 의미 있는 삶을 살기 위해서는 현재를 넘어 시선을 더 멀리까지 보내야 한다. 누군가는 삶이 짧고 비루하고 잔혹하다지만 내 생각은 다르다. 삶이란 기적 속에서는 고통조차 빛나는 까닭에 어느 찰나 불행마저 찬란하다고 할 것이다.

사람들은 사는 게 늘 뜻대로만 되지는 않는다고 탄식한다. 분명한 사실은 세계가 허락하는 한에서 우리는 제 의지를 실현한다는 것이다. 그보다는 어떻게 올바르게 살 것인가 하는 문제가 항상 더 중요하다. 좋은 삶은 도덕 감정을 키우고 더 먼 데를 조망하며 살 때 그 보상으로 주어지리라 믿는다. 멀고 넓게 보기는 사물과 세계에 대한 우리의 시각과 사유를 바꾼다. 좁게 보기는 우리를 현실의 작은 문제와 단선적 사고에 고착시킨다. 멀리 보고 넓게 끌어안아라! 사물과 세계의 큰 그림을 그려보는 것, 즉 넓은 시야로 조망을 키우는 것은 좋은 삶을 위해 필요한 조건이다. 조망의 너비를 키우면 좁은 사유의 쩨쩨함에서 벗어나고 사사로운 이익에만 매달리지 않게 될 테다.

교양의 쓸모

초판 1쇄 펴냄   2025년 11월 20일

지은이   장석주

펴낸곳   풍월당
출판등록   2017년 2월 28일 제2017-000089호
주소   [06018] 서울시 강남구 도산대로 53길 39, 4층
전화   02-512-1466
팩스   02-540-2208
홈페이지   www.pungwoldang.kr

편집   장미향
디자인   이솔이

ISBN 979-11-89346-83-6 03810

이 책의 내용을 이용하려면 반드시 저작권자와 풍월당의 동의를 받아야 합니다.